Dr. Sus

VAK kompakt.

Dr. Susanne Marx

BSFF kompakt

Probleme sofort lösen
mit der Kraft des Unbewussten

VAK kompakt.
VAK Verlags GmbH
Kirchzarten bei Freiburg

Vorbemerkung des Verlags

Dieses Buch dient der Information über eine psychologische Selbsthilfemethode. Sie hat sich in der praktischen Anwendung bewährt, doch kann hier keine Erfolgsgarantie gegeben werden. Wer die Methode anwendet, tut dies in eigener Verantwortung. Autorin und Verlag beabsichtigen nicht, Diagnosen zu stellen oder Therapieempfehlungen zu geben. Die Informationen in diesem Buch sind nicht als Ersatz für professionelle therapeutische Hilfe bei psychischen oder gesundheitlichen Problemen, insbesondere chronischen Beschwerden, zu verstehen. Wenn hier von Behandeln die Rede ist, so ist dies nicht im medizinischen Sinne gemeint, sondern im Sinne von Anwenden der Methode.

Bibliografische Information der Deutschen Nationalbibliothek
Die Deutsche Nationalbibliothek verzeichnet diese Publikation in der Deutschen Nationalbibliografie; detaillierte bibliografische Daten sind im Internet über http://dnb.d-nb.de abrufbar.

VAK Verlags GmbH
Eschbachstraße 5
79199 Kirchzarten
Deutschland
www.vakverlag.de

5. Auflage 2014

Illustrationen: Susanne Marx
Lektorat: Christina Gauggel
Umschlagfoto: © Athos Kyriakides, Fotolia
Umschlagdesign: Hugo Waschkowski, Freiburg
Reihenlayout: Karl-Heinz Mundinger, VAK
Satz: Sebastian Carl, Ebersberg
Druck: Kösel GmbH & Co. KG, Altusried-Krugzell
Printed in Germany
ISBN 978-3-86731-028-4 (Paperback)
ISBN 978-3-95484-161-5 (ePub)
ISBN 978-3-95484-162-2 (Kindle)
ISBN 978-3-95484-163-9 (PDF)

Inhalt

Teil 1: Grundlagen

Einleitung

Dieses Buch bietet Ihnen auf der einen Seite eine kompakte Einführung in *Be Set Free Fast.* Auf der anderen Seite ist es so konzipiert, dass Sie direkt damit arbeiten und die Technik selbst ausprobieren können.
Im ersten Teil des Buches geht es darum, was *Be Set Free Fast* eigentlich ist, welche Theorie dieser Methode zugrunde liegt und was ihre Besonderheiten sind. Darüber hinaus wird die Technik selbst mit ihren einzelnen Behandlungsschritten vorgestellt und häufig gestellte Fragen zu BSFF werden beantwortet.
Im zweiten Teil finden Sie schließlich praktische Anleitungen für häufig vorkommende Beschwerden. So können Sie die Technik direkt selbst anwenden, auch wenn Sie vielleicht noch nicht so viel Erfahrung in dieser oder einer ähnlichen Methode haben.
Da Sprache bei BSFF, wie bei vielen Techniken der energetisch orientierten Psychologie, sehr wichtig ist, hier noch ein kurzer Hinweis dazu: Manche Begriffe aus dem Englischen, zum Beispiel *mind*, sind schwer ins Deutsche zu übersetzen. Ich habe mich

in diesen Fällen für diejenigen entschieden, die meinem Empfinden nach dem Sinn am nächsten kommen. Da aber dennoch leichte Informationsveränderungen nicht zu vermeiden sind und einiges dadurch einen etwas anderen „Geschmack" bekommt, kann ich Ihnen das Buch *Be Set Free Fast* von Larry Nims, dem Entwickler der Methode, sehr empfehlen. Es ist in gut verständlichem Englisch geschrieben und bietet einen sehr guten Überblick über die Methode. Für Therapeuten und Anwender, die tiefer in die Materie einsteigen möchten, gibt es auf Deutsch das Buch *BSFF – Das Anti-Viren-Programm für die Psyche* von Verena Stollnberger (beide Bücher finden Sie in der Literaturliste am Ende des Buches).

Ich wünsche Ihnen viel Erfolg und Freude mit dieser äußerst effektiven Methode des emotionalen „Frühjahrsputzes" und hoffe, dass Ihnen dieses Buch ein Werkzeug an die Hand gibt, mit dem Sie Ihre Wünsche und Träume in die Realität umsetzen können.

Was ist Be Set Free Fast?

Be Set Free Fast (BSFF) ist eine einfache, effektive Methode zur Lösung von emotionalen Problemen und Blockaden. Sie arbeitet direkt mit dem Unbewussten. Denn nach Larry P. Nims, dem Entwickler von *Be Set Free Fast*, liegen hier nicht nur die Wurzeln all unserer Probleme, sondern gleichzeitig auch ihre Lösungen. Er hat deshalb eine Technik entwickelt, mit deren Hilfe man blockierende Überzeugungen und die emotionalen Wurzeln von Problemen aus dem Unbewussten entfernen kann – sozusagen ein Anti-Viren-Programm für die Psyche.

BSFF ist dabei einfach zu lernen und anzuwenden und ist hilfreich bei einer Vielzahl von emotionalen und psychischen Problemen.

Der Name *Be Set Free Fast*, abgekürzt BSFF, ist ein Akronym für *Behavioral and Emotional Symptom Elimination Training For Resolving Excess Emotion, Fear, Anger, Sadness and Trauma* und heißt übersetzt etwa: Training für das Entfernen von emotionalen und verhaltensbezogenen Symptomen für die Auflösung übermäßiger (negativer) Emotionen wie Angst, Wut, Traurigkeit und Trauma.

Eine kurze Geschichte von Be Set Free Fast

Larry P. Nims, ein klinischer Psychologe aus den USA, stellte sich im Laufe seiner 25 Jahre Berufserfahrung immer mehr die Frage, warum die Arbeit mit klassischer Psychotherapie seinen Klienten so wenig helfen konnte. Er begann, sich mit alternativen Verfahren zu beschäftigen und stieß im Laufe seiner Suche auf TFT von Roger Callahan, dessen Schüler er wurde.

TFT – *Thought Field Therapy* (Gedankenfeld-Therapie) – basiert auf den Erkenntnissen der Traditionellen Chinesischen Medizin. Danach besitzt der Körper neben dem Lymph-, Blut- und Nervensystem zusätzlich ein System erhöhter elektromagnetischer Aktivität, das sogenannte Meridiansystem. Dieses spielt nach den Erfahrungen der Chinesischen Medizin eine zentrale Rolle bei der Entstehung, aber auch bei der Lösung von körperlichen oder emotionalen Problemen. Darauf aufbauend hatte der amerikanische Chiropraktiker George Goodheart ein System entwickelt, das er *Applied Kinesiology* (Angewandte Kinesiologie) nannte. Er kombinierte dabei das Wissen um die Rolle der Akupunkturpunkte mit eigenen Erfahrungen und konnte durch das leichte Beklopfen der Punkte Muskeln stärken und Schmerzen lindern. Das war die Basis für den Psychotherapeuten Roger Callahan, der die Angewandte Kinesiologie weiterentwickelte und sie mit großem Erfolg auf die emotionalen und psychischen Probleme seiner Klienten anwendete. Er entwickelte eine Technik, das TFT, das einen neuen Zweig der Psychologie begründete: die energetisch orientierte Psychologie. Diese arbeitet mit dem Klopfen oder Halten bestimmter Akupunkturpunkte und versteht Probleme als Störungen im elektrischen oder energetischen Fluss des Körpers, die auch dort behandelt werden müssen, um sie dauerhaft und tief greifend zu lösen.

BSFF gehört im weiteren Sinn zur energetisch orientierten Psychologie, da es zwar mittlerweile nicht mehr mit dem Meridiansystem arbeitet, aber auf der Basis von TFT entstanden ist. Larry Nims hatte im Laufe seiner Arbeit mit BSFF festgestellt, dass die Stimulation von Akupunkturpunkten für eine wirkungsvolle Anwendung seiner Technik nicht notwendig war. BSFF arbeitet jetzt weitgehend ohne Klopfen der Punkte und direkt mit Anweisungen an das Unbewusste. Auch wenn einige Aspekte gleich sind, etwa das Verständnis der sogenannten psychischen Umkehrung, die nachfolgend näher erklärt wird, so geht Larry Nims von einem grundsätzlich anderen Verständnis der Funktionsweise von Bewusstem und Unbewusstem aus. Dieses stimmt mit dem der Hypnotherapie nach Milton Erickson überein. Nach Larry Nims ist es wichtig, direkt mit der Kommando- und Kontrollzentrale – dem Unbewussten – zu arbeiten. Seiner Ansicht nach sind die Meridiane zwar von emotionalen und psychischen Problemen betroffen, sie sind aber nicht deren Auslöser.

Da sich BSFF im Laufe der Zeit zunehmend verbreitete und immer mehr begeisterte Anwender fand, erarbeitete Larry Nims zusammen mit der Persönlichkeitstrainerin Joan Sotkin ein Buch, das BSFF einem breiteren Leserkreis zugänglich machte. Dieses Buch finden Sie in der Literaturliste am Ende des Buches.
Seit einiger Zeit arbeitet Nims mit dem Psychologen Don Elium zusammen, mit dem Ziel, BSFF weiterzuentwickeln und die Anwendung noch effektiver zu machen.

Die Theorie dahinter

BSFF geht davon aus, dass alles psychologische und emotionale Leid von Glaubenssätzen oder Grundüberzeugungen verursacht wird. Diese sind unbewusst, also der bewussten Kontrolle und Veränderung entzogen, und bilden automatische Programme, die uns einschränken und dazu bringen, emotional, gedanklich und verhaltensbezogen immer gleich zu reagieren – ob wir das wollen oder nicht. Diese Programme hindern uns daran, uns zu entfalten und frei und selbstbestimmt unser Leben zu leben und auf Situationen zu reagieren.
Ungefähr 98 % unserer Gedanken, Emotionen und Handlungen basieren auf diesen automatischen Programmen und wiederholen sich deshalb ständig. Sie können das selbst einmal überprüfen, indem Sie sich das nächste Mal, wenn Ihnen ein Gedanke bewusst wird, fragen, ob dieser neu ist oder ob Sie ihn vielleicht schon kennen. Wenn Sie diese Übung öfters machen, werden Sie wahrscheinlich

feststellen, wie erschreckend gleichförmig und vorbestimmt unsere innere Welt ist. Wir sind die meiste Zeit auf Autopilot eingestellt, auf den wir keinen bewussten Einfluss haben und daraus ergibt sich die Frage, wie frei wir wirklich sind.

An dieser Stelle, an dem Unbewussten mit all seinen automatischen Programmen und ungelösten Emotionen, setzt BSFF an. Es arbeitet mit der direkten Anweisung an das Unbewusste, alle Probleme auf dieser fundamentalen Ebene selbstständig zu lösen und alte, destruktive Programme zu deaktivieren.

Die Arbeit mit BSFF besteht aus zwei Teilen. Ihr bewusster Anteil besteht darin, Probleme zu benennen, die einzelnen Aspekte des Problems – seine Bestandteile – herauszuarbeiten und dann mithilfe eines Stich- bzw. Code-Worts einen Impuls an Ihr Unbewusstes zu geben. Dieses arbeitet dann selbstständig und löst blockierende und einschränkende Überzeugungen, Glaubenssätze und negative Emotionen auf der tiefsten Ebene auf.

Dabei können Sie in Ihrem eigenen Tempo vorgehen und müssen schmerzhafte Erlebnisse und Gefühle nicht noch einmal durchleben.

Zusammengefasst sind die wichtigsten Prinzipien von BSFF:

- Probleme und Themen werden von ungelösten negativen Emotionen und unbewussten Grundüberzeugungen verursacht.
- Gedanken, Emotionen und Verhaltensweisen werden von unbewussten Programmen kontrolliert und eingeschränkt.
- Diese laufen automatisch ab und sind dem bewussten Willen nicht oder kaum zugänglich und daher damit auch nicht veränderbar – der bewusste Wille wird von unbewussten Programmen blockiert.
- Die gesamte Lebenserfahrung (Erlebnisse, Interpretationen, Gefühle und Gedanken) eines Menschen ist im Unbewussten gespeichert.
- BSFF kann effektiv alle physischen, psychologischen oder spirituellen Probleme lösen, die eine emotionale Wurzel haben.
- BSFF programmiert dabei nicht um, sondern löst und deaktiviert alte, blockierende Programme.

Anwendungsgebiete von BSFF

BSFF hilft bei einer Vielzahl von psychischen, emotionalen und verhaltensbezogenen Problemen und kann überall dort eingesetzt werden, wo Ihr Leben nicht so funktioniert, wie Sie es sich wünschen. Obwohl die Technik mehr auf gedankliche oder emotionale Probleme ausgerichtet ist, kann sie auch hilfreich bei körperlichen Problemen sein – nämlich dann, wenn sie eine emotionale Wurzel haben – und bei den emotionalen Begleiterscheinungen von Schmerzen oder Beschwerden angewendet werden.

Obwohl das Unbewusste die eigentliche Arbeit tut, ist Ihre aktive Teilnahme und Ihre Bereitschaft zur Veränderung die wichtigste Voraussetzung für den Erfolg. Um ein Problem wirklich zu lösen, ist es notwendig, gründlich, fokussiert, präzise und ausdauernd bei einem Thema zu bleiben – so lange, bis alle Aspekte auch wirklich erkannt und bearbeitet sind.

Manche Probleme lassen sich in einer Sitzung lösen, andere, die komplexer und vielleicht mit anderen, verwandten Themen verbunden sind, brauchen möglicherweise mehrere Sitzungen.

Aber auch dann lohnt sich die Zeit und Arbeit, die Sie investieren. Sie leben Ihr Leben nicht mehr weitgehend auf Autopilot, sondern können frei entscheiden und bewusst neue Wege gehen. Damit ändert sich Ihr Leben nicht automatisch, aber die Blockaden und Hindernisse, die Sie bisher an Ihrer freien Entfaltung gehindert haben, sind nicht mehr da.

Gegenanzeige

Sie sollten BSFF, zumindest als Selbsthilfetechnik, nicht anwenden, wenn Sie unter schweren psychischen oder emotionalen Störungen leiden.

Larry Nims schränkt die Anwendung der Technik auch bei bereits länger dauernder Abhängigkeit von Substanzen, bei chronischen Schmerzen sowie bei traumatischen Erlebnissen ein. Hier sollten Sie einen Therapeuten aufsuchen, der in BSFF geschult ist und über entsprechende Erfahrung in dem jeweiligen Bereich verfügt.

Ebenfalls schwierig ist die Selbstanwendung, wenn Sie nicht oder nur schwer in der Lage sind, Ihre Gefühle wahrzunehmen oder starke Angst vor ihnen haben. Auch hier kann ein Spezialist hilfreich sein.

Wenn BSFF bei Ihnen nicht wirkt, dann in den meisten Fällen deshalb, weil hinter dem angesprochenen Thema noch ein oder mehrere unbewusste Themen stehen. Hier sind auf der einen Seite Geduld und Ausdauer gefragt, auf der anderen Seite kann jemand, der in BSFF geschult ist, aufgrund seiner oder ihrer Erfahrung die Hintergründe eventuell schneller aufdecken.

Das Unbewusste – Problem und Lösung

Das Unbewusste ist die Instanz in uns, in der unsere Erlebnisse und Interpretationen gespeichert, Verdrängtes aufbewahrt und Programme entwickelt werden, die dann weitgehend unbemerkt, aber machtvoll unser Leben lenken. Und da viele dieser Programme, die ständig im Hintergrund mitlaufen, auf veralteten Grundlagen basieren und destruktiv sind, blockieren sie unsere freie Entfaltung und behindern ein auf die Gegenwart ausgerichtetes, erfülltes Leben.
Um zu verstehen, was diese Programme sind und wie sie sich entwickelt haben, müssen wir zeitlich weit zurückgehen.

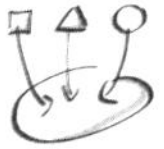

Vom Zeitpunkt unserer Geburt an, wahrscheinlich sogar schon früher, nimmt unser Organismus Informationen und Eindrücke aus der Umgebung auf und speichert diese im Unbewussten. Über einen einfachen Rückkopplungsmechanismus bildet es daraus Strategien und Programme, die sich im Laufe der Zeit immer mehr vertiefen und irgendwann so selbstverständlich werden,

dass wir sie überhaupt nicht mehr wahrnehmen können, geschweige denn kritisch hinterfragen.
Eigentlich ist diese Programmbildung ein hilfreicher Me-

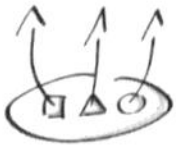

chanismus: Ein normales Leben zu führen, wäre nicht möglich, wenn wir über jeden Schritt und jedes Zubinden unserer Schuhe nachdenken müssten. Es ist gut, dass Vieles automatisiert ist und nur darüber, dass wir einzelne Erlebnisse verallgemeinern, können wir lernen. Auf der anderen Seite hat dieser Mechanismus bei den meisten von uns irgendwann überhandgenommen und ist aus dem Ruder gelaufen.
Eine mögliche Erklärung dafür ist, dass unsere moderne Zeit uns sehr viel mehr Reizen und Eindrücken aussetzt als noch vor 100 Jahren und wir deshalb auch sehr viel mehr Programme entwickeln, um mit diesen zurechtzukommen und angemessen zu reagieren.
Einige von diesen Programmen sind auch heute noch sinnvoll und nützlich, besonders bei mechanischen und motorischen Fähigkeiten wie Fahrradfahren. Im emotionalen und zwischenmenschlichen Bereich sind sie dagegen oft sehr hinderlich.
Wir können aufgrund der Programme nicht bewusst und angemessen auf eine individuelle Situation reagieren, sondern reagieren automatisch – und damit oft aus der Weltsicht eines/einer Vierjährigen heraus. Darüber hinaus haben einige unserer als erfolgreich abgespeicherten Programme und Strategien nur zufällig funktioniert und waren deshalb nie wirklich sinnvoll – weder als Kind noch heute als Erwachsener.

Da wir uns evolutionsbedingt Negatives wesentlich besser merken können als Positives, haben wir sehr viel mehr negative als positive Programme. Das hat ein oft negatives Selbstbild zur Folge, das sich in Form von kritischen Selbstgesprächen, Angst und Selbstbehinderung äußern kann. Ein weiteres Ergebnis der Programme ist eine unterschwellige Angst vor dem Leben und vor anderen Menschen.

Da diese Programme, wie gesagt, unbewusst sind, haben wir auf sie sehr wenig Einfluss, selbst wenn wir uns der negativen Auswirkungen bewusst sind. Wir können vielleicht unser Verhalten in einer bestimmten Situation verändern – die darunter liegenden Gefühle und Überzeugungen verändern wir dadurch aber leider nicht. Falls Sie zum Beispiel leicht unsicher werden, wenn Sie auf einer Geburtstagsfeier einer Gruppe Ihnen unbekannter Menschen gegenüberstehen, dann können Sie zwar bewusst selbstsicherer auftreten, die eigentliche Unsicherheit ist damit aber nicht wirklich gelöst.

Die gute Nachricht ist, dass es Methoden wie BSFF gibt, die genau an dieser Stelle ansetzen und einschränkende Programme auf der Ebene ihrer Entstehung lösen – im Unbewussten.

Ihr Unbewusstes bestimmt Ihre Welt(sicht)

Unsere Programme sorgen dafür, dass sie sich, einmal entstanden, immer wieder selbst bestätigen. Aus einem Erlebnis *(„Du kannst das nicht, gib schon her, ich mach das.")* bildet sich ein Programm als Strategie, um besser in der Welt zurechtzukommen und dieses Erlebnis nicht noch einmal zu haben. Das Programm in diesem Fall könnte – abhängig von Ihrer mitgebrachten Veranlagung und der emotionalen Atmosphäre in Ihrer Kindheit – etwa folgendes sein:

- *„Ich kann das nicht, ich kann nichts richtig machen."*
- *„Ich bin zu dumm.", oder:*
- *„Mama/Papa hat mich nicht lieb, ich bin völlig alleine."*

Dieses – Ihnen nicht bewusste – Programm sorgt dann durch die Filterung von Erfahrungen, aber auch durch die Steuerung Ihres Verhaltens, Fühlens und Denkens dafür, dass sich diese Überzeugung immer wieder bestätigt und sich dadurch immer tiefer eingräbt. Das heißt, Ihre unbewussten Programme erschaffen und bestimmen tatsächlich Ihre Welt.
Um sich einige dieser Programme bewusster zu machen, können Sie sich folgende Fragen stellen:
Wie ist Ihre Sicht der Welt? Wer oder was sind Sie? Was können Sie gut, was nicht? Welchen Platz haben Sie in der Welt? Müssen Sie sich diesen Platz erarbeiten oder

verdienen? Oder haben Sie ihn ganz selbstverständlich? Wie stehen das Leben und die Welt zu Ihnen? Wie ist Ihre Einstellung zu (Ihrer) Gesundheit? Was bedeutet für Sie Beziehung? Und was Erfolg?
Bei den Antworten geht es nicht um richtig oder falsch, sondern darum, ob Ihre Überzeugungen Sie unterstützen oder hemmen, stärken oder ängstigen. Sollten Sie dabei auf etwas stoßen, das Ihnen nicht mehr guttut oder veraltet ist, schreiben Sie es auf – und arbeiten später im praktischen Teil direkt damit.

„Ja, aber ..." – der Mechanismus der psychischen Umkehrung

Der Begriff der psychischen Umkehrung (PU) wurde von Roger Callahan geprägt, der viel zu diesem Mechanismus geforscht hat, und ist einer der wichtigsten Aspekte der energetisch orientierten Psychologie.
Wir alle kennen diesen Mechanismus aus unserem täglichen Leben. Haben Sie schon einmal versucht, etwas bei sich oder in Ihrem Leben zu verändern? Beispielsweise mit dem Rauchen aufzuhören, nicht mehr an den Nägeln zu kauen, zweimal in der Woche in das teure Fitnessstudio zu gehen, endlich abzunehmen, nicht mehr so viel zu kaufen oder sich mehr Zeit für die Kinder zu nehmen?
Wie ist Ihre Erfahrung – wie oft hat es wirklich geklappt? Immer, oft, manchmal oder nie? Bei den meisten Menschen lautet die Antwort *„manchmal"*. Warum klappt es nicht *„immer"*? Weil Sie zu willensschwach waren oder

nicht konsequent genug? Der innere Schweinehund? Oder weil Sie doch nicht so viel Interesse daran hatten?
Im Allgemeinen hat das nichts mit Ihrem Charakter oder Willen zu tun, sondern mit dem Mechanismus der psychischen Umkehrung. Psychische Umkehrung bedeutet, etwas bewusst zu wollen, unbewusst aber genau das Gegenteil davon zu tun. Sie haben sozusagen zwei Seelen in der Brust, von denen die eine *„ja"* und die andere *„nein"* sagt, wobei die unbewusste „Nein-Stimme" im Zweifelsfall stärker ist. Denn wenn wirklich alles in Ihnen *„ja"* zu etwas sagt, dann gibt es auch nichts, was Sie davon abhalten könnte.
Den Mechanismus der psychischen Umkehrung oder PU kann man sich bildlich so vorstellen, als würden Sie bewusst das Gaspedal beim Auto treten, während gleichzeitig ein unbewusster Teil von Ihnen mit aller Kraft die Handbremse anzieht – Sie kommen auf diese Weise nicht weit und es kostet obendrein viel Kraft.
Ob eine PU in bestimmten Lebensbereichen bei Ihnen vorhanden ist, können Sie an folgenden Punkten erkennen:

- An einem Gefühl von Stagnation
- Wenn Sie genau das tun, was Sie nicht wollen, oder etwas nicht tun, obwohl Sie es wollen.
- Wenn Sie sich selbst blockieren und im Weg stehen.

Das fühlt sich zwar wie Selbstsabotage an, es sind aber eigentlich (wohlgemeinte) Einwände gegen eine Veränderung oder Verbesserung der Situation. PUs sind in ihren Auswirkungen oft lästig oder manchmal sogar wirklich schädlich, haben im Grunde aber immer eine positive Intention. Es sind Teile von uns, die uns vor etwas schützen oder etwas für uns erreichen möchten.

Diese Einwände können etwa sein:

- Es ist nicht sicher für mich (dieses Problem zu überwinden).
- Es ist nicht sicher für andere ...
- Es ist nicht gut für mich ...
- Es ist nicht gut für andere (Verrat, Loyalität etc.) ...
- Ich verdiene es nicht ...
- Ich bin es nicht wert ...
- Ich habe große Angst, einen Teil meiner Identität zu verlieren ...

Ein praktisches Beispiel für eine PU ist zum Beispiel die folgende Aussage einer meiner Klientinnen: *„Ich möchte gerne einen besser bezahlten Job haben."* Bislang hatten auch mehrere Versuche und Anläufe nicht dazu geführt, sich beruflich zu verbessern und sie hatte langsam das Gefühl, dass mehr dahintersteckte als einfach nur die Lage auf dem Arbeitsmarkt. Wir stellten fest, dass hinter diesem Wunsch eine Reihe von Einwänden verborgen waren, unter anderem:

- Wenn ich mehr Geld bekomme, muss ich auch mehr leisten.
- Ich bin nicht gut genug für mehr Leistung.
- Ich kann das bestimmt nicht.

- Dann muss ich viel mehr Steuern zahlen und habe am Ende überhaupt nichts mehr.
- Dann muss ich vielleicht viel länger arbeiten.
- Dann passe ich nicht mehr zu meinen Freunden.
- Ich habe keine Zeit mehr für meine Eltern.
- Der Weg zur Arbeit ist dann vielleicht wesentlich länger.

Nachdem wir mit jedem dieser Einwände gearbeitet hatten, stellte sie fest, dass sie gerne in ihrer alten Stelle weiterarbeiten, aber besser dafür bezahlt werden wollte. Programme, und dazu gehören PUs, schränken uns in unserer Wahlmöglichkeit ein und verhindern, dass wir uns frei und ohne Angst für oder gegen etwas entscheiden können.
Anders als bei den Techniken der Klopfakupressur arbeiten wir beim BSFF nicht direkt mit einer PU, sondern behandeln diese Einwände ganz normal wie ein Problem (also denken/sagen es und geben dem Unbewussten die Anweisung zur Lösung).

Was ist für Sie ein Problem?

Da wir mit BSFF Probleme und Gruppen von Problemen behandeln – hier „Themen" genannt –, ist es wichtig, sich darüber klar zu werden, was ein Problem eigentlich genau ist.

Was ist ein Problem?

Was ist ein Problem? Das ist eine gute Frage und Sie werden vielleicht feststellen, dass es viel einfacher ist, zu wissen, dass man ein Problem hat, statt es zu definieren. Da wir dem Unbewussten aber genaue Handlungsanweisungen in Bezug auf Probleme geben müssen, ist es wichtig, herauszufinden, woraus unser Problem genau besteht und welche verschiedenen Bestandteile oder Aspekte es hat. Und das ist die eigentliche Kunst beim BSFF (wie auch bei allen anderen Techniken der energetisch orientierten Psychologie).

Als Problem können wir generell all das definieren, was nicht so ist, wie wir es gerne möchten, zum Beispiel:

- Wenn wir uns körperlich, emotional oder geistig unwohl fühlen.
- Wenn das Leben in einem oder mehreren Bereichen nicht so ist, wie wir es uns wünschen.
- Wenn wir mit unseren eigenen Gefühlen, Verhaltensweisen oder Eigenschaften nicht glücklich sind.

Fast jedes Problem kann mit BSFF angesprochen und gelindert oder gelöst werden – sollten daran andere Personen oder äußere Umstände beteiligt sein, können Sie allerdings nur Ihren eigenen Anteil daran bearbeiten.

Wie entsteht ein Problem?

Grundsätzlich entstehen Probleme, indem ein Impuls von außen kommt und unser Unbewusstes daraufhin automatisch ein schon vorinstalliertes Programm aktiviert. Dieses Programm sorgt dann dafür, dass wir – innerlich und äußerlich – weitgehend automatisch auf diesen Reiz reagieren.

Nehmen wir etwa die Situation, dass Sie an der Kasse im Supermarkt stehen und sich jemand unter dem Vorwand vordrängelt, die Kassiererin nur etwas fragen zu wollen (Impuls von außen). Je nachdem, welche Programme aufgrund Ihrer Lebenserfahrung, ihrer persönlichen Einstellung und ihrem übernommenem Wertesystem vorinstalliert sind,

wird Ihre Reaktion darauf ausfallen. Die innerliche Reaktion könnte Ärger sein („*Das gibt's doch nicht, das ist ja eine Unverschämtheit*"), Neid („*Ich wünschte, ich könnte das auch*"), Gelassenheit („*Aha*"), Interesse („*Er/Sie hat bestimmt irgendeinen Grund dafür – ich möchte wissen, was das ist*") oder Gleichgültigkeit („..."). Die äußere Reaktion ist meistens eine Folge der inneren, es kann aber auch sein, dass Sie sich innerlich ärgern, äußerlich aber gelassen wirken oder reagieren. Wir haben sehr wenig bewussten Einfluss auf diese Programme und unsere Reaktion. Und selbst wenn wir unser Verhalten verändern, so können wir an der inneren, gefühlten „Großwetterlage" nichts ändern.
Diese Programme laufen auch dann ab, wenn Sie wissen, dass das keine gute, angemessene oder sinnvolle Reaktion ist und Sie bewusst gerne anders reagieren würden. Deshalb ist es so wichtig, einen Weg zu finden, direkt mit diesen unbewussten Programmen und Voreinstellungen zu arbeiten, denn sie sind für die meisten unserer Probleme verantwortlich.

Die verschiedenen Ebenen eines Problems

Ein Problem besteht aus mehreren Aspekten und mehrere Probleme bilden ein größeres Thema. So ist etwa die Tatsache, dass Sie sehr unglücklich

darüber sind, dass Ihr Partner Sie oft kritisiert, ein Problem. Dieses besteht aus einzelnen Aspekten, zum Beispiel Ihrem Ärger darüber und dem belastenden Gefühl, ihm nicht zu genügen, Ihrer Hilflosigkeit und einer ganzen Reihe von unterschwelligen Überzeugungen darüber, was das über Ihren Wert und Ihre Position innerhalb der Beziehung bedeutet. Das übergeordnete Thema, das mehrere verwandte Probleme zusammenfasst, ist in diesem Fall *Beziehungsprobleme* oder *Meine Beziehung*.

Probleme

Jedes Problem ist eine Kombination aus einer Reihe von ungelösten negativen Emotionen und einem Glauben darüber, was das Ergebnis in diesem Lebensbereich sein wird. Stellen Sie sich zum Beispiel eine Situation vor, in der Sie vor einer großen Menge von (fachlich versierten und eventuell kritisch eingestellten) Menschen einen Vortrag zur Geschäftsbilanz 2007 halten müssen. Das Problem dabei könnte sein:

- *„Ich habe Angst davor, bei dieser Versammlung zu sprechen."*

Ihre ungelösten negativen Emotionen, die zum größten Teil aus noch nicht verarbeiteten früheren Erlebnissen und Erinnerungen zu diesem Thema bestehen, können Angst, Aufregung, Überforderung, Widerwillen, Zweifel an den eigenen Fähigkeiten oder Panik sein. Darunter liegt vielleicht die Erwartung:

- *„Sie werden mich angreifen, ich werde es nicht schaffen und es wird ganz furchtbar."*

Und da das Unbewusste, wie gesagt, dafür sorgt, dass sich Ihre Erwartungen auch erfüllen, ist die Chance, dass der Vortrag zumindest nicht optimal und schon gar nicht entspannt verläuft, relativ groß. Deshalb ist es sehr wichtig, an diesem Punkt anzusetzen, und nicht alleine an den Symptomen oder Begleiterscheinungen.

Aspekte

Jedes Problem besteht aus einem oder mehreren Aspekten. Aspekte können Emotionen, Erfahrungen, Überzeugungen, Einstellungen, Handlungen, Verhaltensweisen und körperliche Symptome sein. Bei BSFF ist es wichtig, möglichst präzise zu sein, also alle oder so viele Aspekte wie möglich, zu Ihrem Problem zu erkennen. In der Praxis hat sich hier sehr bewährt, sich zu fragen, *„Was wäre in dieser Situation das Allerschlimmste?"*, und sich daraus bewusst eine Art mentale Geisterbahn zu konstruieren. Versuchen Sie bei jedem Aspekt Ihres Schreckensszenarios zu fragen, ob es nicht noch etwas Schlimmeres in Bezug auf diesen Aspekt gibt. Wenn Sie etwa Angst davor haben, dass ein (wichtiger) Teilnehmer während Ihres Vortrages den Saal verlässt, dann überlegen Sie, ob es vielleicht noch schlimmer wäre, wenn *alle* aufstehen und gehen. So paradox es klingt, diese Übung ist so bizarr, dass sie sowohl mir als auch meinen Klienten ab einem gewissen Punkt wirklich Spaß macht und wir oft herzlich dabei lachen. Es hilft, die Situation und unsere negativen Erwartungen aus der Technicolor-Welt unseres Kopfes wieder auf den Boden der Tatsachen zurückzuholen.
In unserem Beispiel mit dem Vortrag des Geschäftsberichts könnten die Aspekte des Problems etwa sein:

- Ich habe Angst, dass ich plötzlich nicht mehr weiß, was ich sagen wollte.
- Was passiert, wenn mein Vortrag eine echte Katastrophe wird?
- Was tue ich, wenn die anderen aufstehen und hinausgehen?
- Ich habe Angst, dass ... mich angreift.
- Ich habe Angst davor, dass jemand aufsteht und sagt, ich sei völlig inkompetent und eine absolute Fehlbesetzung für diese Position.
- Ich habe Angst, dass mir die Stimme wegbleibt.
- Ich blende ja nur, und dann merken es alle.
- Ich kann das überhaupt nicht.

Jeder dieser Aspekte wird beim BSFF dann zur Lösung an das Unbewusste übergeben.

Themen

Mehrere verwandte Probleme bilden ein Thema. Sie können sich das Thema als Dateiordner im Computer vorstellen – nur, dass der Titel des Ordners nicht *Meine Musik*, sondern *Meine Beziehungsprobleme* heißt. Die einzelnen Dateien, die sich in diesem Ordner befinden, entsprechen den Problemen und der Inhalt der einzelnen Dateien entspricht den Aspekten.

In unserem Beispiel wäre der Dateiordner:

- *„Ich habe immer Zweifel an dem, was ich tue, und kann es den anderen und mir nie recht machen – egal, wie erfolgreich ich bin."*

Das Problem wäre hier:

- *„Ich habe Angst davor, bei dieser Versammlung zu sprechen."*

Und die Aspekte wären:

- *„Ich habe Angst, dass ich plötzlich nicht mehr weiß, was ich sagen wollte", oder:*
- *„Was passiert, wenn mein Vortrag eine echte Katastrophe wird?" usw.*

Unterschwellige Überzeugungen

Hinter jedem Problem steckt eine Reihe von unterschwelligen Überzeugungen darüber, wer oder was Sie sind, wie die Welt auf Sie reagiert, wie Sie auf die Welt reagieren (müssen) und ob bzw. welchen Platz in dieser Welt Sie haben.

Diese Überzeugungen wiederum setzen sich meistens zusammen aus dem, was Sie von anderen erwarten und Ihren eigenen Reaktionen, zum Beispiel:

- *„Die Spinne hat es auf mich abgesehen", oder:*
- *„Immer, wenn ich Spinnen sehe, kriege ich Panik."*

Dieser Glaube sendet Ihrem Unbewussten die Botschaft, diesen Glauben dadurch zu bestätigen, dass es bestimmte Erfahrungen und Ereignisse für Sie hervorruft. Ihr loyales Unbewusstes macht sich dann an die Arbeit, um Ihre Überzeugung zu bestätigen. Sie haben die Erfahrung wahrscheinlich auch schon einmal gemacht, dass, wenn Sie sich vor etwas gefürchtet oder etwas abgelehnt haben, die Wahrscheinlichkeit, diesem zu begegnen, deutlich höher war als normalerweise.
Die meisten und prägendsten dieser unbewussten Überzeugungen entstehen in den ersten sieben Lebensjahren. Sie sind stark von unserem familiären Umfeld geprägt und wir übernehmen dessen Werte, Überzeugungen und Interpretationen in allen wichtigen Bereichen des Lebens. Später kommen nur noch sehr wenige neue Überzeugungen dazu und es dauert erfahrungsgemäß sehr lange, bis alte Überzeugungen überschrieben werden (und dann auch meist nicht vollständig).
Wichtig für eine vollständige Lösung von Problemen ist deshalb nicht nur das akute Problem, sondern auch alle Emotionen und vor allem die darunter liegenden Überzeugungen zu erkennen und zu bearbeiten.

Was sind Ihre Themen?

Jetzt geht es darum, eigene Themen oder Probleme zu identifizieren und herauszuarbeiten, die Sie später mit BSFF behandeln und lösen können.
Larry Nims hat dafür einen sehr hilfreichen Fragenkatalog

erarbeitet, den ich – etwas erweitert und ergänzt – hier vorstelle. Wenn Sie schon mit anderen Methoden Themen erkannt und herausgearbeitet haben, können Sie diese selbstverständlich ebenfalls verwenden.

1. In welchen Bereichen Ihres Lebens fühlen Sie sich nicht wohl?

Das können etwa sein: Familie, Beruf, Beziehung, Freizeit/Privatleben, Freunde, Finanzen, Kinder, Gesundheit, Hobbys/Interessen, Sport, eigene Erscheinung, eigene Fähigkeiten, eigenes Verhalten, Selbstwert, Kreativität oder Spiritualität.
Beantworten Sie nun – am besten schriftlich – für jeden einzelnen der Bereiche, in denen Sie sich nicht wohl fühlen, folgende Fragen:

2. Woher wissen Sie, dass Sie sich dort nicht wohlfühlen? Woran erkennen Sie das?

Sind das körperliche Symptome wie Magendrücken oder Kopfdruck? Sind es Gefühle wie Angst, Anspannung, Sorge, Wut oder Verwirrung? Oder sind es Gedanken wie:

- *„Das klappt nie", oder:*
- *„Alle legen mir Steine in den Weg?"*

3. Welche Gefühle haben Sie bezogen auf diesen Bereich, was fühlen Sie im Zusammenhang mit diesem Problem/Bereich?

4. Gibt es eine bestimmte Person, die diese Gefühle in Ihnen auslöst?
5. Erinnert Sie diese Person an jemanden aus Ihrer Herkunftsfamilie? An wen? Warum?
6. Gibt es einen äußeren Auslöser, etwa ein bestimmtes Datum, eine Umgebung oder Situation, die diese Gefühle bei Ihnen auslöst?
7. Erinnert Sie dieser Auslöser an irgendetwas in Ihrer Kindheit? An was?

Formulieren Sie nun aus jeder Antwort einen kurzen Satz, zum Beispiel:

- *„Ich habe Schwierigkeiten mit meiner Tochter." (1)*
- *„Ich bekomme immer einen Knoten im Magen vor Wut, wenn sie abends länger wegbleibt als abgemacht." (2), oder:*
- *„Ich male mir dann die schrecklichsten Dinge aus, die ihr passieren könnten." (2)*
- *„Ich mache mir solche Sorgen um sie." (3), oder:*
- *„Ich bin wütend, dass sie nicht auf mich hört und mich missachtet." (3)*
- *„Das Ganze erinnert mich an meine Schwester, die auch immer gemacht hat, was sie wollte und ich musste es ausbaden." (4/5)*

- *„Ich habe dieses Problem immer, wenn sie abends ausgeht." (6)*
- *„Das erinnert mich an eine Situation in unserer Jugend, als meine Schwester über Nacht weggeblieben ist, ich für sie lügen musste und wir dann beide dafür bestraft wurden." (7).*

Jeden dieser Sätze können Sie später in einer BSFF-Sitzung dann mit Ihrem Code-Wort Ihrem Unbewussten zur Bearbeitung übergeben.
Machen Sie diese Übung für alle Bereiche, in denen Sie Probleme haben oder sich allgemein nicht wohlfühlen. Parallel dazu können Sie auch die im Glossar aufgeführten, häufig vorkommenden Beschwerden bearbeiten oder als Vorlage für eigene Themen abwandeln.
Sie können entweder mit dem Bereich anfangen, der Sie im Moment besonders interessiert bzw. belastet, oder mit einem der Themen, die im Glossar vorgestellt werden.

Vorbereitungen für BSFF

Das Unbewusste ist, wie gesagt, ein Teil von uns, der aus Impulsen von außen automatische Programme bildet und diese immer wieder aktiviert. Dabei versteht das Unbewusste diese Impulse als Anweisungen, die es loyal und sehr wörtlich in Programme umsetzt, ohne sie zu bewerten oder auf ihren Wahrheitsgehalt hin zu überprüfen. So wird aus dem als Anweisung aufgefassten *„Du kannst aber auch wirklich nichts richtig machen"* das Programm *„Ich kann aber auch wirklich nichts richtig machen"*, das das Unbewusste dann immer wieder bestätigt.
Mithilfe von BSFF können Sie sich diesen Mechanismus und die Loyalität Ihres Unbewussten zunutze machen und jetzt bewusst – durch eine neue Anweisung – alte Programme deaktivieren und löschen. Das gibt Ihnen die Freiheit, von nun an angemessen und individuell auf Situationen in Ihrem Leben zu reagieren, und nicht mehr automatisch auf der Basis alter, völlig überholter und meist auf Angst oder Mangel basierender Programme.

Dafür benötigen Sie ein Code-Wort und die (einmalige) Anweisung an Ihr Unbewusstes, von nun an immer dann, wenn Sie bewusst ein Problem bemerken und dann Ihr Code-Wort denken oder sprechen, selbstständig dieses Problem zu bearbeiten. Das Code-Wort ist dabei für Ihr Unbewusstes das Signal, alle emotionalen Wurzeln und Glaubenssätze zu lösen, die bislang automatisch Ihr Problem hervorgerufen haben. Dabei arbeitet es selbstständig – und ohne dass es Ihnen bewusst wird – auf allen Ebenen.
Die ersten Schritte einer BSFF-Behandlung bestehen aus der Festlegung Ihres persönlichen Code-Wortes und der (einmaligen) Instruktion für Ihr Unbewusstes. Danach genügen in Zukunft das bewusste Erkennen eines Problems und die Codierung mithilfe Ihres Code-Wortes, damit Ihr Unbewusstes das Problem bearbeitet und löst.

Das Code-Wort

Ihr persönliches Code-Wort kann ein Wort oder kurzer Satz sein, der eine neutrale oder leicht positive Bedeutung für Sie hat, aber nicht zu sehr emotional aufgeladen ist.

Beispiele für Code-Wörter sind:

Freude, Liebe, Los!, Friede, Freiheit, Glück, Frei sein!, Bearbeiten!, Loslassen!, Danke!, Enter, Joy, Peace, Freedom oder Be free! und fertig!

Sie können aber auch jedes andere Wort, egal in welcher Sprache, als Code-Wort verwenden.

Ihr Code-Wort wird nur im Zusammenhang mit Ihrer Absicht und einem bewusst wahrgenommenen Problem, das Sie lösen möchten, den BSFF-Prozess in Gang setzen. In einer normalen Unterhaltung hat es keinerlei Signal-Wirkung auf Ihr Unbewusstes. Sie können sich Ihr Code-Wort wie die *Enter*-Taste beim Computer vorstellen: Erst wenn Sie einen entsprechenden Befehl eingegeben haben und ihn dann mit der Enter-Taste aktivieren, wird er ausgeführt – die Enter-Taste allein hat keinerlei Wirkung.
Sie können das Code-Wort auch wechseln oder mehrere Code-Wörter installieren. Geben Sie dafür einfach eine neue Anweisung an Ihr Unbewusstes (vgl. das Kapitel *Häufig gestellte Fragen zu BSFF*).

Die Anleitung für Ihr Unbewusstes

Nachdem Sie Ihr Code-Wort ausgesucht haben, müssen Sie einmalig die folgende Anleitung für Ihr Unbewusstes installieren. Lesen Sie dafür einfach den unten stehenden Text einmal – am besten laut. Dabei werden Sie feststellen, dass die Anleitung sehr ausführlich und manchmal etwas „sperrig" ist. Machen Sie sich keine Gedanken darüber – es ist nicht notwendig, den Text bewusst vollständig zu verstehen. Ihr Unbewusstes, an das sich die Anleitung richtet, versteht ihn problemlos. Der Text beinhaltet alle möglichen Eventualitäten und wurde so optimiert,

dass der Prozess der Bearbeitung so vollständig und tief greifend wie möglich ablaufen kann.
Sie können sich diese Anleitung wie das Installieren eines Anti-Viren-Programms auf Ihrem Computer vorstellen. Sie müssen es einmal installieren und in Zukunft genügt ein Mausklick, damit es selbstständig und im Hintergrund Viren erkennt und beseitigt.
Sollten Sie sich versprechen oder unterbrochen werden, so ist das überhaupt kein Problem – korrigieren Sie sich einfach, sagen Sie, dass Sie sich versprochen haben, und fahren Sie dann mit dem Text fort.
In der ursprünglichen Fassung der Hauptinstruktion hat Larry Nims noch „wir, unser" und „uns" verwendet. Dies hat der Sichtweise der Hypnotherapie entsprochen, dass wir aus verschiedenen unbewussten und bewussten Anteilen bestehen, die zusammen unsere Gesamtpersönlichkeit bilden. Da diese Formulierung häufig eine gewisse Irritation bei Anwendern hervorgerufen hat und sich inzwischen gezeigt hat, dass „ich, mir" und „mein" genauso wirksam sind, habe ich die Hauptinstruktion entsprechend angepasst.
Die im Schlussteil formulierte Sichtweise des Unbewussten als einem treuen Diener entspricht nicht meiner persönlichen Überzeugung. Ich nehme das Unbewusste als integralen Teil meiner selbst wahr, der wohlmeinend, hochintelligent und sehr aufmerksam ist, Dinge allerdings auch sehr wörtlich nimmt. Sie können diesen Teil weglassen und Ihrem Unbewussten einfach nur für seine loyale Hilfe danken.

Es gibt von der Anleitung für das Unbewusste zwei Versionen, eine längere und eine aktualisierte kürzere Version. Installieren Sie für BSFF bitte beide, da jeder der beiden Versionen andere Bereiche abdeckt.

Die Hauptinstruktion (einmalig)

» *Die folgenden Anweisungen sind für dich, mein Unbewusstes. Wann immer ich bewusst ein Problem bemerke, das ich von dir entfernen lassen will, werde ich nur meinen Code aussprechen oder denken, und du führst dann für mich die komplette BSFF-Schrittfolge zu diesem Problem durch. Der Code, den ich gewählt habe, lautet …*

Du bearbeitest gleichzeitig alle genetischen, ahnen- und generationsbezogenen sowie alle gegenwärtigen Aspekte dieses Problems, alle von diesem Problem abgespaltenen und fragmentierten Teile sowie sämtliche emotionalen Wurzeln und Glaubenssätze, die mit diesem Problem und/oder mit verwandten Erfahrungen auch nur irgendwie in Verbindung stehen. Das heißt, dass du alle mentalen, emotionalen, körperlichen und spirituellen Aspekte von allen verwandten Problemen sowie alle abgespaltenen und fragmentierten Anteile meiner Persönlichkeit, die in irgendeiner Weise an diesen Problemen beteiligt sind, bearbeitest. Alle diese Persönlichkeitsanteile – in welcher Kombination auch immer sie auftreten mögen – werden hier und im Folgenden mit den Wörtern ich, mir, mich, mein, unser, unsere Gesamtheit usw. angesprochen.

Du entfernst alle diese Probleme auf allen Ebenen und in allen Teilen meines Wesens, die in irgendeiner Weise direkt oder indirekt bei jedem einzelnen Problem, das ich bemerkt habe und von dir bearbeiten lassen will, eine Rolle spielen, es nähren, es mit verursachen, es irgendwie aufrechterhalten oder unterstützen. Bei jeder BSFF-Behandlung befasst du dich mit all diesen Dingen und klärst sie vollständig, dauerhaft und auf sichere Art und Weise.

Das bedeutet, dass du, mein Unbewusstes, jede Ebene aller einschränkenden emotionalen Wurzeln und Glaubenssätze entfernst, die mit jedem Problem, das ich von dir behandeln lassen will, auch nur irgendwie zusammenhängen. Dabei schließt du bei jeder Bearbeitung eines Problems, die ich dich anweise durchzuführen, jede Erfahrung (von der ersten bis zur letzten) dieses Problems und sämtliche seiner Anteile mit ein.

Gleichzeitig entfernst du bei jeder Behandlung auch jeden Faktor posttraumatischen Stresses, der mit irgendeiner emotionalen Wurzel des gerade bearbeiteten Problems verbunden ist und von dieser emotionalen Wurzel oder während ihrer Aktivität ausgelöst oder wieder ausgelöst worden ist.

Du löst diese Auswirkungen posttraumatischen Stresses gründlich auf, sodass sie in mir keinerlei geistige, emotionale, körperliche oder spirituelle Beschwerden oder Unausgeglichenheiten mehr auslösen können. Die Faktoren posttraumatischen Stresses, die du entfernst, umfassen die sieben im Folgenden genannten negativen Auswirkungen auf meine Gesamtheit sowie alle anderen hemmenden oder schwächenden Auswirkungen posttraumatischen Stresses des bearbeiteten Problems:

- *Schock in meinem System*
- *Stress in meinem System*
- *Verletzung oder Erschütterung in meinem System*
- *Verärgerung oder Irritation in meinem System*
- *Trauma in meinem System*
- *Leid oder Verzweiflung in meinem System*
- *Verwirrung in meinem System*

Du tust das alles für mich, unabhängig davon, ob mir bewusst ist, was das Problem ist oder nicht. Und sogar dann, wenn ich das Problem nicht einmal identifizieren, beschreiben oder in Worte fassen kann. Es genügt, wenn ich ein Problem bewusst bemerke und mein Code-Wort einsetze, und schon bearbeitest und entfernst du das Problem samt allen verwandten Teilen, die irgendeinen Beitrag zu diesem Problem geleistet haben, auf allen Ebenen meines Geistes und meines Seins vollständig, sicher und dauerhaft.

Du tust das alles für mich, egal, welche Kombinationen oder Ebenen meiner Gesamtheit zu der Zeit beteiligt oder betroffen waren, als jedes einzelne dieser verwandten Probleme entstand oder von mir wieder erfahren wurde. Du entfernst vollständig und dauerhaft jedes und alle Probleme, die ich bearbeite, zusammen mit allen unbewussten Programmierungen, die mich jetzt oder irgendwann einmal anfällig und empfänglich dafür machen könnten, diese Probleme zu behalten, zurückzuholen, ihnen zu

erlauben oder zu gestatten, zurückzukehren, oder sie passiv – egal, auf welchem Weg, in welcher Form oder Art und Weise auch immer – je zu akzeptieren oder wieder zuzulassen.
Du entfernst gleichzeitig auch jedes andere Problem, das mich, auf welche Art und Weise und wann auch immer, in Zukunft anfällig und empfänglich für die Rückkehr bearbeiteter Probleme machen könnte.
Sogar wenn ich mit der Bearbeitung anderer Probleme oder Themen fortfahre, behandelst du automatisch alle Aspekte aller bislang bearbeiteten Probleme und Themen weiter, bis mein Bewusstes alle relevanten Einsichten über die Ursprünge oder die Ursachen eines jeden bearbeiteten Problems gewonnen und diese klar erkannt und verstanden hat.
Du machst dies ab sofort für mich, für jedes Problem, das ich jemals bewusst bemerke und zu bearbeiten beabsichtige, wann immer ich die Bearbeitung mit meinem Code oder jeglichen anderen Worten einleite, die ich als Befehl für die BSFF-Anwendung festlege. Ich muss nur ein Problem bewusst erkennen und die Behandlung mit dem von mir gewählten Code einleiten.
Jedes Mal, wenn ich die Stopper oder irgendeine Art von Wut, Verurteilung, Kritik oder Nicht-Verzeihen oder jegliche anderen einschränkenden Gedanken, Gefühle, inneren Haltungen oder Glaubenssätze, die ich in Bezug auf mich selbst haben könnte, bearbeite, entfernst du all diese Dinge, die möglicherweise aus früheren Behandlungen übrig geblieben sind. Bei solchen Aktualisierungsprozessen ist

es unerheblich, wie lange die früheren Behandlungen zurückliegen.
Ebenso wirst du bei jeder Bearbeitung von Wut und Nicht-Verzeihen gegenüber einer anderen Person oder einer Gruppe von Menschen diese Einstellung hinsichtlich der ganzen Persönlichkeit und aller Anteile dieser Person oder aller Personen innerhalb dieser Gruppe von Menschen bearbeiten. Dies ist auch dann der Fall, falls ich die Bezeichnung du oder Sie oder deren Name(n) verwende, wenn ich mich während des Prozesses auf sie beziehe.
Mein Unbewusstes, ab sofort vollziehst du, wenn ich dich mit meinem Code dazu auffordere, diese komplette Instruktion unter allen Bedingungen und Umständen, in allen emotionalen und mentalen Zuständen und in allen Situationen, in denen ich mich zum Zeitpunkt der Anwendung befinde, die ich mir vorstelle oder an die ich mich erinnere. Mein Unbewusstes, ich danke dir und schätze und achte dich zutiefst dafür, dass du in jeglicher Hinsicht immer mein treuer Diener bist. «

Die Kurzinstruktion (einmalig)

Verena Stollnberger ergänzt in ihrem Buch über BSFF

diese Hauptinstruktion noch um eine kürzere aus dem Jahr 2005, die neue Entwicklungen der Methode berücksichtigt. Lesen Sie auch diese einmal – am besten laut.

» Diese Anweisungen sind für dich, mein Unbewusstes. Wann immer ich meinen Code benutze, der da lautet ..., entfernst du alle emotionalen Wurzeln und Glaubenssätze, die das Problem oder Thema kontrollieren, das ich bemerkt habe und von dir bearbeiten lassen will. In jede Behandlung schließt du alles mit ein, was in mir entsteht oder mit mir zu tun hat und was dieses Problem oder Thema seit Beginn meiner Existenz bis zum jetzigen Zeitpunkt geschaffen hat, annimmt und/oder aufrechterhält.

Ab diesem Moment behandelst du automatisch alles, was jemals in meiner Erfahrung auftauchen könnte und was bewirken würde oder bewirken könnte, dass ich dieses Problem oder Thema wieder annehme. Und ich danke dir für deine gewissenhafte Hilfe hierbei.

Jedes Mal, wenn ich meinen Code einsetze, bezogen auf ein Problem oder Thema, das ich bemerkt habe, führst du eben dazu in einer Sequenz die im Folgenden genannten vier Schritte durch.

Jede Behandlung wird hierbei jeden Gedanken, jedes Gefühl, jede Emotion, jede Verhaltensweise, jede Einstellung, jeden Glaubenssatz, jede Imagination sowie alle sonst irgendwie damit zusammenhängenden Probleme beinhalten, die mit dem von mir bemerkten Problem oder Thema zu tun haben oder zu tun hatten, oder die zu eben diesem Problem beitragen oder jemals beigetragen haben. Dies alles einschließend, wirst du also bei jeder Codierung in einer Sequenz vier Schritte durchführen, und zwar betreffend:

1. *Alles, was ich erfahre oder je erfahren habe, um dieses Problem oder Thema herum und in Richtung auf dieses Problem oder Thema, inklusive sämtlicher, damit verbundener Personen, Ereignisse, Situationen oder Umstände.*
2. *Alles, was ich als Ergebnis oder Folge dieses Problems oder Themas erfahre oder jemals erfahren habe.*
3. *Alles, was nach meiner Erfahrung jemals zur Entstehung oder Aufrechterhaltung dieses Problems oder Themas beigetragen hat.*
4. *Alle angesammelten mentalen, emotionalen, körperlichen und spirituellen posttraumatischen Belastungen, die aufgrund des momentan in mir ausgelösten Problems oder Themas jemals meine Existenz berührt haben.*

Sobald ich ein Problem oder Thema bemerke und meinen Code dafür einsetze, durchläufst du diese vier Schritte in schneller Abfolge. «

(Aus: Verena Stollnberger, *BSFF – das Anti-Viren-Programm für die Psyche*)

Sie haben nun Ihr persönliches Code-Wort gewählt und Ihrem Unbewussten die Anweisungen gegeben, ab jetzt mithilfe der BSFF-Routine Probleme, die Sie bewusst erkennen und mit Ihrem Code-Wort versehen, selbstständig zu lösen.
Im Folgenden werden nun die einzelnen Schritte einer BSFF-Sitzung erklärt und beschrieben.

Die BSFF-Routine

Nachdem Sie nun Ihr Unbewusstes entsprechend instruiert und um seine Mithilfe gebeten haben, kommen wir nun zur eigentlichen BSFF-Behandlung. Sie besteht aus vier einfachen Schritten:

1. Die Einstimmung auf das Problem
2. Die Behandlung der einzelnen Aspekte des Problems mit dem Code-Wort
3. Die Überprüfung des Ergebnisses und Durchführung der möglicherweise notwendigen Fail-Safe-Routine
4. Die Schlusssequenz

Diese vier Schritte sind bei jedem Thema oder Problem gleich und prägen sich nach kurzer Zeit ein. Für die Schlusssequenz können Sie später auch eine Kurzform verwenden, die hier ebenfalls vorgestellt wird.

Schritt 1: Die Einstimmung

Der erste Schritt jeder BSFF-Sitzung besteht darin, ein Problem oder Thema, das Sie bearbeiten möchten, zu identifizieren und dann festzustellen, wie sehr Sie dieses Problem im Moment belastet (der sogenannte SUD-Wert, s.u.).

Problem identifizieren

Legen Sie zuerst fest, um welches Problem Sie sich in dieser Sitzung mit BSFF kümmern möchten. Dafür können Sie ein Thema aus der vorhergehenden Übung oder eines aus dem Glossar auswählen. Wenn Sie vorher noch nicht mit BSFF gearbeitet haben, ist es sinnvoll, zuerst die Themen unter „Vorbereitung" im Glossar zu bearbeiten, bevor Sie andere Themen behandeln. Die dort aufgeführten Themen sind zum Teil die Wurzeln anderer Probleme, sie können aber auch, solange sie unbehandelt bleiben, der Lösung anderer Themen im Wege stehen.

Formulieren Sie kurz das Problem, etwa:

- *„Ich habe Probleme mit meiner Kollegin", oder:*
- *„Ich fühle mich oft einsam und isoliert."*

Stimmen Sie sich dann auf seine Bedeutung für Sie und seine Wirkung in Ihrem Körper ein.

SUD-Wert feststellen

Der SUD-Wert (das ist die Abkürzung für *subjective unit of distress* und heißt übersetzt „Subjektive Stresseinheit") ist eine in der gesamten energetisch orientierten Psychologie verwendete Skala. Sie wurde in den 1950er-Jahren von dem amerikanischen Psychologen Dr. Joseph Wolpe entwickelt. Mit ihrer Hilfe wird die momentane Belastung durch ein bestimmtes Problem gemessen. Die Skala reicht von 0 (= kein Stress bzw. völlige Entspannung in Bezug auf das Thema) bis 10 (= größtmöglicher Stress bzw. größtmögliche Belastung durch das Thema). Wenn es Ihnen schwerfällt, Ihre Gefühle in Zahlen auszudrücken, können Sie auch Ihre Hände zu Hilfe nehmen – je weiter Ihre Hände auseinander sind, desto stärker ist die Belastung, je näher Ihre Hände zusammen sind, desto geringer. Sollte Ihnen auch das schwerfallen, so können Sie diesen Schritt auch einfach auslassen.

Das Ziel von BSFF ist die vollständige Lösung eines Problems, und damit das Erreichen von 0 auf der SUD-Skala. Stellen Sie nun fest, wie groß Ihre Belastung durch das ausgewählte Problem im Moment ist, zum Beispiel bei „7".

Schritt 2: Die Aspekte finden und codieren

Sagen oder Denken einzelner Aspekte + Code-Wort

Versuchen Sie jetzt, alles herauszufinden, was zu Ihrem

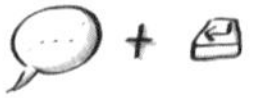

Problem gehört und es ausmacht. Das können Gefühle, Gedanken, Überzeugungen, erlebte Situationen etc. sein. Formulieren Sie jetzt jeden dieser Aspekte, stimmen Sie sich auf ihn ein und fügen dann Ihr Code-Wort als Signal an Ihr Unbewusstes ein, um diesen Aspekt zu bearbeiten.

Dabei können Sie entweder eine ganze Reihe von Aspekten sagen bzw. denken und sie dann *abschließend* mit Ihrem Code-Wort codieren oder Sie codieren nach jedem einzelnen Aspekt. Diese zweite Vorgehensweise würde ich Ihnen für die ersten Erfahrungen mit BSFF empfehlen.

Ein Beispiel für den ersten Fall wäre:

- Ich habe Angst vor Veränderung.
- Veränderungen sind immer Verschlechterungen.
- Ich weiß dann nicht mehr, wer ich bin.
- Ich habe Angst, einen wichtigen Teil meiner Persönlichkeit zu verlieren, wenn ich mich verändere.
- Andere wissen dann nicht mehr, wer ich bin. Code-Wort

Ein Beispiel für den zweiten Fall wäre:

- Ich habe Angst vor Veränderung. Code-Wort
- Veränderungen sind immer Verschlechterungen. Code-Wort
- Ich weiß dann nicht mehr, wer ich bin. Code-Wort

- Ich habe Angst, einen wichtigen Teil meiner Persönlichkeit zu verlieren, wenn ich mich verändere. Code-Wort
- Andere wissen dann nicht mehr, wer ich bin. Code-Wort

Dabei können Sie sowohl mit negativen Aussagen arbeiten, die Sie glauben, oder mit positiven zum selben Thema, die Sie nicht glauben.

Sie können also zum Beispiel sagen:

- Ich habe Angst vor Veränderung. Code-Wort, oder:
- Ich möchte mich verändern. Code-Wort

Beides gibt dem Unbewussten den Impuls zur Bearbeitung des gleichen Problems. Sie können mit der negativen Variante arbeiten, mit der positiven oder mit einer Kombination aus beiden.
Sie können Sätze auch mehrmals sagen und codieren, wenn sich das für Sie richtig anfühlt oder ein bestimmter Satz mehr Aufmerksamkeit braucht.
Manchmal steckt hinter einem Satz ein ganz neues Thema mit eigenen Aspekten. Sie können dieses neue Thema entweder zusammen mit dem ursprünglichen behandeln und codieren oder in einer eigenen Sitzung.
Wenn Ihnen bei der Bearbeitung der einzelnen Aspekte spezielle Situationen dazu einfallen, dann fassen Sie diese in einem oder mehreren Sätzen kurz zusammen und codieren sie sie ebenfalls.

Arbeiten Sie so lange, bis sich ein Gefühl der Ruhe und des inneren Friedens einstellt bzw. bis der SUD-Wert deutlich gesunken ist (am besten auf 0). Schließen Sie dann jedes Thema oder Problem einzeln mit der zusammenfassenden Formel ab. Sie können danach entweder die Sitzung mit der Schlusssequenz beenden oder ein neues Thema bearbeiten.
Noch ein Wort zum Finden und Formulieren der Aspekte: BSFF ist eine einfache, sanfte und effektive Technik, aber es erfordert etwas Erfahrung, Übung und Fingerspitzengefühl, um alle an einem Problem beteiligten Aspekte herauszufinden und als Sätze zu formulieren. Wenn Sie noch nicht so viel Erfahrungen mit der energetisch orientierten Psychologie haben und unsicher sind, ist es sinnvoll, zuerst mit den vorformulierten Beschwerden aus dem Glossar zu arbeiten und dann – mit mehr Erfahrung und Sicherheit – mit anderen Problemen.

Die zusammenfassende Formel

Schließen Sie bei jeder BSFF-Sitzung ein Problem oder Thema, das Sie bearbeitet haben, mit dem nachfolgenden zusammenfassenden Satz ab. Setzen Sie dafür den Namen des Problems oder Themas in das Schema ein. Sie können es auch gerne variieren, solange die wichtigsten Aspekte genannt sind. Diese zusammenfassende Formel sorgt dafür, dass eventuell noch nicht erkannte oder übersehene Aspekte vom Unbewussten bearbeitet werden und die Behandlung damit möglichst vollständig ist:

» Ich behandle jetzt in einer Behandlung alles, was mit ... (hier das Thema oder Problem einsetzen) zusammenhängt und alle einschränkenden Gedanken, Überzeugungen, Haltungen/Einstellungen und Gefühle, die mich jemals dazu bringen könnten, ... (Name des Problems oder Themas) zu behalten oder wieder zuzulassen. Code-Wort«

Schritt 3: Das Ergebnis überprüfen

Wenn Sie ein Thema oder Problem bearbeitet und mit der zusammenfassenden Formel abgeschlossen haben, überprüfen Sie anschließend noch einmal den SUD-Wert.

Wenn der SUD-Wert bei 0 liegt, können Sie entweder ein neues Thema behandeln oder direkt zur Schlusssequenz bei Schritt 4 übergehen.

Wenn noch ein Rest Belastung durch das Problem da ist oder sich überhaupt nichts verändert hat, sollten Sie noch einmal mögliche Widerstände gegen eine Veränderung behandeln – mit der sogenannten Fail-Safe-Routine.

Fail-Safe-Routine

Fail-Safe bedeutet übersetzt etwa „Absicherung gegen Misslingen" und entspricht dem Konzept der psychischen Umkehrung in der energetisch orientierten Psychologie. Es handelt sich dabei um unbewusste Widerstände und Einwände Ihres Organismus' gegen eine Veränderung und Verbesserung Ihres Zustandes. Diese werden mit der Fail-Safe-Routine angesprochen und auf sanfte Art behandelt.

Die Fail-Safe-Routine sollten Sie immer dann einsetzen, wenn der SUD-Wert nicht oder kaum sinkt – auch nach acht- bis zehnmaliger Behandlung eines Satzes oder Problems mit dem Code-Wort –, wenn das Problem nach der Behandlung wiederkehrt oder generell bei chronischen Problemen und bei Themen, die mit der eigenen Identität zu tun haben.

Nennen Sie für die Fail-Safe-Routine zuerst noch einmal das Problem, zum Beispiel:

- *„Ich habe so Lust auf Schokolade."*

Gehen Sie dann folgende Sätze einzeln durch – dabei können Sie entweder *„Problem"* sagen oder den Namen Ihres speziellen Problems einsetzen (hier etwa: *„Ich möchte frei sein von dieser Lust auf Schokolade."*)

- Ich möchte frei sein von diesem Problem. Code-Wort
- Ich bin bereit, frei zu sein von diesem Problem. Code-Wort
- Ich bin bereit, von jetzt an für immer frei zu sein von diesem Problem. Code-Wort
- Ich gebe mir selbst die Erlaubnis, von jetzt an für immer frei zu sein von diesem Problem. Code-Wort
- Es ist in Ordnung für mich, vollkommen frei zu sein von diesem Problem, von jetzt an für immer. Code-Wort
- Ich verdiene es, von jetzt an dauerhaft frei zu sein von diesem Problem. Code-Wort

- Ich bin bereit, all den positiven Nutzen zu empfangen, den es mit sich bringt, von diesem Problem frei zu sein. Code-Wort
- Ich werde alles Notwendige dafür tun, um dafür zu sorgen, dass ich von jetzt an dauerhaft/für immer frei von diesem Problem bin und es auch bleibe. Code-Wort
- Es gibt immer noch eines oder mehrere Probleme, die mich anfällig dafür machen, dieses Problem zu behalten oder wieder zuzulassen. Code-Wort
- Es gibt immer noch irgendetwas/einen Teil in mir, der mich anfällig dafür macht, dieses Problem zu behalten oder wieder zuzulassen. Code-Wort
- Ich bin immer noch empfänglich dafür, dieses Problem irgendwann wieder zuzulassen. Code-Wort

Bei körperlichen Problemen wie Schlaflosigkeit, Allergien oder Suchtdrang wird die Fail-Safe-Routine etwas abgewandelt und sieht dann folgendermaßen aus (hier wird der Körper direkt angesprochen):

- Mein Körper möchte frei sein von diesem Problem. Code-Wort
- Mein Körper ist bereit dazu, frei zu sein von diesem Problem. Code-Wort
- Mein Körper ist bereit, frei zu sein von diesem Problem, jetzt und dauerhaft/für immer von jetzt an. Code-Wort
- Mein Körper erlaubt es, von jetzt an für immer frei zu sein von diesem Problem. Code-Wort

- Es ist in Ordnung für meinen Körper, vollkommen frei zu sein von diesem Problem, von jetzt an für immer. Code-Wort
- Mein Körper ist einverstanden damit, dass er und ich es verdienen, von jetzt an dauerhaft frei zu sein von diesem Problem. Code-Wort
- Mein Körper ist bereit, all den positiven Nutzen zu empfangen, den es mit sich bringt, von diesem Problem frei zu sein. Code-Wort
- Mein Körper wird alles Notwendige dafür tun, um dafür zu sorgen, dass er von jetzt an dauerhaft/für immer frei von diesem Problem ist und es auch bleibt. Code-Wort
- Es gibt immer noch eines oder mehrere Probleme, die meinen Körper anfällig dafür macht, dieses Problem zu behalten oder wieder zuzulassen. Code-Wort
- Es gibt immer noch etwas in meinem Körper, der mich anfällig dafür macht, dieses Problem zu behalten oder wieder zuzulassen. Code-Wort
- Mein Körper ist immer noch empfänglich dafür, dieses Problem manchmal noch zuzulassen. Code-Wort

Überprüfen Sie dann noch einmal den SUD-Wert. Ist er auf 0 gesunken, können Sie entweder ein neues Thema behandeln oder die Sitzung mit der Schlusssequenz abschließen. Sollten Sie immer noch keine deutliche Linderung spüren, durchlaufen Sie den gesamten Prozess von Schritt 1 bis 3 noch einmal und achten darauf, ob denn vielleicht noch neue Aspekte auftauchen, die die Schlüssel zur Lösung sein können.

Schritt 4: Die Schlusssequenz

Jede BSFF-Sitzung wird mit der Schlusssequenz abgeschlossen. Diese besteht aus der Behandlung der sogenannten „Stopper" und aus den Aspekten der Wut und Vergebung.

Stopper behandeln

Auch die sogenannten „Stopper" gehören zu der Gruppe der möglichen psychischen Umkehrungen. Es sind Einwände und Befürchtungen, die sich auf die Behandlung mit BSFF und den Erfolg der Arbeit mit dieser Technik beziehen.

Die neun Stopper sind:

- Ich habe Angst, dass diese Behandlungen bei mir nicht funktionieren. Code-Wort
- Ich habe Angst, dass die Erfolge dieser Behandlungen nicht andauern. Code-Wort
- Ich bezweifle, dass die Behandlungen bei mir funktionieren. Code-Wort
- Ich bezweifle, dass sie mir dauerhaft helfen. Code-Wort
- Ich traue mir nicht zu, diese neue Art der Behandlung effektiv anzuwenden. Code-Wort
- Ich bezweifle, dass ich diese neue Art der Behandlung effektiv anwende. Code-Wort

- Ich bezweifle meine eigene Fähigkeit, diese Veränderungen in meinem Leben auch wirklich umzusetzen und zu leben. Code-Wort
- Ich bin anfällig dafür, eines oder mehrere dieser Probleme, die ich behandelt habe, wieder zuzulassen. Code-Wort
- Ich habe noch ein oder mehrere Probleme, die mich direkt oder indirekt davon abbringen könnten, den Erfolg meiner Behandlung dauerhaft zu bewahren. Code-Wort

Bei den ersten Behandlungen mit BSFF ist es gut, alle Stopper einzeln zu nennen und zu codieren. Mit etwas Erfahrung können Sie die Stopper dann mit einem einzigen Satz kollektiv behandeln. Installieren Sie dafür einmalig folgende Anweisung für Ihr Unbewusstes:

Die Instruktion zu den Stoppern (einmalig)

» Von jetzt an brauche ich nur noch zu denken oder zu sagen „Jetzt behandle ich die Stopper" oder „Stopper", und du wirst alle Stopper in einer Behandlung eliminieren. «

Ab dann brauchen Sie nur noch zu denken oder zu sagen:

- Jetzt behandle ich alle Stopper. Code-Wort, oder:
- Stopper

Ihr Unbewusstes wird sodann alle Stopper selbstständig bearbeiten und lösen.

Vergebung

Ein zentraler Punkt bei BSFF ist der Aspekt der Vergebung. Solange Sie noch wütend über etwas oder jemanden sind und nicht verzeihen können, haften Sie an diesem Problem, diesem Menschen oder dieser Situation. Das bedeutet nicht nur unnötigen emotionalen Ballast, sondern verhindert oft auch die Lösung des Problems.

Sie können Wut, Bewertung, Kritik oder Nicht-Verzeihen sowohl immer dann behandeln, wenn sie im Zusammenhang mit den Aspekten auftreten, als auch global am Ende einer Sitzung.

Larry Nims hat bei der ursprünglichen Variante von BSFF bei diesem Schritt das leichte Klopfen aller Finger einer Hand mit dem Daumen (s.u.) empfohlen, mittlerweile wird das Klopfen allerdings nicht mehr verwendet. Probieren Sie einfach aus, ob dieser Teil der Behandlung für Sie durch das Klopfen noch wirksamer ist. Wenn nicht, können Sie das Klopfen einfach weglassen.

Anderen vergeben

- Ich behandle jetzt all meine verbliebene Wut, Bewertung, Kritik und Nicht-Verzeihen gegenüber jedem, der an einem der Probleme, die ich in dieser Sitzung behandelt habe, beteiligt ist oder war. Code-Wort

Klopfen Sie dann mit beiden Daumen leicht auf die anderen Fingerkuppen der gleichen Hand (optional), während Sie gleichzeitig dreimal sagen:

- Ich vergebe jedem von euch. Ich weiß, dass ihr das Beste getan habt, was euch in dieser Situation möglich war.

Uns selbst vergeben

- Ich behandle jetzt all meine verbliebene Wut, Bewertung, Kritik und Nicht-Verzeihen mir selbst gegenüber für jedes Problem, das ich in dieser Sitzung behandelt habe. Code-Wort

Dann leicht mit den Daumen auf die Finger der gleichen Hand klopfen (optional) und dreimal sagen:

- Ich vergebe mir selbst. Ich weiß, dass ich immer das Beste tue, was ich kann.

Spirituelle Vergebung (optional)

- Ich vergebe dir, Gott (Leben, Schicksal, Mutter, ...), und ich weiß, dass du immer für mich da bist und warst und das Beste und Richtige für mich tust. Code-Wort

Sie können diese Schritte der Vergebung einzeln nennen und codieren oder nach einer einmaligen Instruktion an Ihr Unbewusstes eine Sammelformulierung verwenden – ähnlich wie bei den Stoppern. Verena Stollnberger stellt diese Instruktion in ihrem Buch zu BSFF vor und berücksichtigt darin neuere Entwicklungen der Methode. Ich habe diese Instruktion leicht abgewandelt – so stehen in der Instruktion von Verena Stollnberger die ersten beiden Absätze in der umgekehrten Reihenfolge und sie verwendet statt „Nicht-Verzeihen" den Begriff „Unverzeihen" – an der Wirksamkeit der Instruktion ändert sich dadurch meiner Erfahrung nach aber nichts.

Die Instruktion für Ihr Unbewusstes (einmalig)

» Während der Schlusssequenz, wenn ich das Wort „Stopper" denke oder sage und mein Code-Wort benutze, behandelst du alle Stopper, die irgendeinen Einfluss auf oder irgendeinen Bezug zu dieser Sitzung hatten.

Und wenn ich denke oder sage „Nicht-Verzeihen gegenüber jedem und allem" und mein Code-Wort denke oder sage, entfernst du alles Nicht-Verzeihen, das ich gegenüber jeglicher Person und allem je gehegt habe, die in irgendeines der Probleme involviert waren, die in dieser Sitzung von Belang waren.

Außerdem: Wenn ich die Worte „Wut, Ärger und Verurteilung gegen mich" denke oder sage und mein Code-Wort benutze, entfernst du alle Wut, Verurteilung und Kritik, allen Ärger und alle sonstigen während der Sitzung gegen mich gerichteten verwandten Probleme.

Und wenn ich sage oder denke „Nicht-Verzeihen mir selbst gegenüber" und mein Code-Wort benutze, entfernst du alles Nicht-Verzeihen mir selbst gegenüber, das irgendeine Form von Bezug zu sämtlichen in dieser Sitzung bearbeiteten Problemen hat.

Von jetzt an, wann immer ich mein Code-Wort für jeden Kurzbegriff dieser vier Schritte der Schlusssequenz benutze, führst du jede dieser Behandlungen vollständig durch.

Falls ich diese Schritte der Schlusssequenz bei irgendwelchen früheren Durchgängen ausgelassen habe, führst du für eben diese Probleme in der laufenden Anwendung eine entsprechende Aktualisierungsbehandlung durch.«

Danach brauchen Sie am Ende einer Sitzung jedes Mal nur noch zu sagen:

- Stopper. Code-Wort
- Nicht-Verzeihen gegenüber jedem und allem. Code-Wort
- Wut, Ärger und Verurteilung gegen mich selbst. Code-Wort
- Nicht-Verzeihen mir selbst gegenüber. Code-Wort

Ihr Unbewusstes wird dann selbstständig alle Stopper sowie alle Wut, Kritik und Nicht-Verzeihen anderen und Ihnen selbst gegenüber behandeln.
Wenn Sie danach noch ein anderes Problem behandeln, müssen Sie für dieses die Schlusssequenz noch einmal wiederholen.
Nachdem Sie nun alle Schritte einer Behandlung mit BSFF kennengelernt haben, geht es im Folgenden um die Beantwortung häufig gestellter Fragen.

Häufig gestellte Fragen zu BSFF

Wie oft soll ich BSFF anwenden?

Grundsätzlich können Sie BSFF immer dann anwenden, wenn Sie sich unwohl fühlen oder sich eines Problems bewusst werden. Nennen Sie dafür einfach das Problem und codieren Sie es, etwa:

- Ich fühle mich in dieser vollen Straßenbahn sehr unwohl. Code-Wort

Wenn Ihnen zu diesem akuten Problem weitere Aspekte bewusst werden, können Sie auch diese nennen und codieren, zum Beispiel:

- Ich habe leichte Platzangst. Code-Wort
- Ich habe Angst, dass ich nicht rechtzeitig zur Tür komme, wenn ich aussteigen muss. Code-Wort
- Mir ist hier alles viel zu viel – die Geräusche, die Menschen, die Eindrücke. Code-Wort

Hier brauchen Sie weder das Fail-Safe-Verfahren anzuwenden noch die Schlusssequenz, da es sich um einzelne, isolierte Probleme oder Empfindungen handelt. Ist das Problem komplexer oder besteht aus deutlich mehr Aspekten, sollten Sie es mit der Schlusssequenz bzw. seiner Kurzform abschließen.
BSFF lässt sich aber auch sehr gut auf generelle Probleme anwenden, auch wenn diese gerade nicht akut sind. So ist es etwa sinnvoll, eine Spinnenphobie schon prophylaktisch, also vor der nächsten Begegnung, zu behandeln. Verwenden Sie hier Ihre Liste aus Kapitel 1 oder Themen aus dem Glossar und arbeiten Sie mit diesen so oft Sie möchten oder können. Erfahrungsgemäß haben wir eine natürliche Empfindung dafür, welche und wie viele Themen wir in einer Sitzung bearbeiten (und verdauen) können und wie oft wir damit arbeiten möchten. Vielen Menschen hilft es, sich pro Tag eine bestimmte Zeit für die Arbeit mit BSFF zu nehmen und sich dafür ein bestimmtes Thema auszuwählen. Experimentieren Sie einfach damit und finden Sie die für Sie optimale Häufigkeit und Dauer Ihrer BSFF-Sitzungen.

Wie lange dauert eine Behandlung mit BSFF?

Das hängt zum einen davon ab, wie viele Aspekte Ihr Thema oder Problem hat. Es gibt Probleme, die aus relativ wenigen „Einzelteilen" bestehen, und solche, die sehr komplex sind. Das lässt sich zu Beginn einer Sitzung oft nicht sagen und entsprechend variiert die mögliche Länge.

Arbeiten Sie immer so lange, bis Sie eine deutliche Linderung oder Lösung des Problems spüren oder so lange, bis Sie das Gefühl haben, dass es für diese Sitzung genug ist. Zum anderen ist es für die Dauer einer Sitzung entscheidend, wie viele Themen oder Probleme Sie behandeln möchten. Meiner Erfahrung nach sollten es allerdings nicht mehr als drei Themen oder Probleme pro Sitzung sein, da es sonst für den Organismus schwierig wird, alle neuen Erkenntnisse und Veränderungen zu verarbeiten und zu integrieren.

Wie lange dauert es, bis ich eine Wirkung spüre?

Das hängt von der Tiefe und Komplexität des Problems ab. Bei einem klar umgrenzten Problem, etwa einem akuten Drang nach Schokolade, ist meist eine sofortige Besserung spürbar. Je früher ein Thema allerdings entstanden ist und je mehr es damit zu tun hat, wie Sie sich selbst empfinden und definieren (z. B.: *„Ich genüge nicht"*), desto länger und intensiver müssen Sie sich im Allgemeinen damit beschäftigen. Das können Sie zum einen dadurch tun, dass Sie das gesamte Problem mit all seinen Aspekten mehrfach in einzelnen Sitzungen bearbeiten. Zum anderen können Sie jeden Aspekt innerhalb einer Sitzung mehrfach nennen und codieren und zudem können Sie einen Aspekt einmal nennen, aber mehrfach mit Ihrem Code-Wort codieren (bis zu zehnmal hat sich hier bewährt). Achten Sie dabei auf Ihr Gefühl dafür, wann ein Aspekt „fertig" ist.

Lassen Sie nach einer Sitzung Ihrem Organismus etwas Zeit, um all die Veränderungen zu verarbeiten und zu integrieren.

Muss ich das Fail-Safe immer durchführen?

Nein, nur dann, wenn Sie nach der Behandlung eines Problems oder Themas keine Besserung spüren (also der SUD-Wert nicht gesunken ist). Das ist nach Larry Nims' Erfahrung nur in 10 bis 15 % aller Probleme der Fall.
Sinkt der SUD-Wert nach der Durchführung der Fail-Safe-Routine, dann können Sie die Behandlung mit der Schlusssequenz abschließen oder ein neues Thema bearbeiten. Sinkt der SUD-Wert auch nach der Fail-Safe-Routine nicht, dann kann es sein, dass Sie noch nicht alle relevanten Aspekte gefunden und codiert haben. Oder probieren Sie die Mehrfach-Nennung der verschiedenen Aspekte bzw. des Code-Wortes bei jedem einzelnen Aspekt, so lange, bis Sie eine Veränderung spüren.

Kann ich mein Code-Wort wechseln?

Ja, Sie können Ihr Code-Wort wechseln oder mit mehreren Code-Wörtern arbeiten. Für das Wechseln Ihres Code-Wortes können Sie folgende Instruktion an Ihr Unbewusstes verwenden:

»Diese Anweisung ist für Dich, mein Unbewusstes. Mein altes Code-Wort ... gilt ab jetzt nicht mehr. Von nun an verwende ich das neue Code-Wort ... für die BSFF-Routine.«

Wenn Sie mehrere neue Code-Wörter zusätzlich zu Ihrem alten verwenden möchten, dann installieren Sie diese mit folgender Instruktion:

»Diese Anweisung ist für Dich, mein Unbewusstes. Zusätzlich zu meinem alten Code-Wort ... gelten ab jetzt auch folgende neue Code-Wörter ..., ...,. Wann immer ich eines dieser Code-Wörter im Zusammenhang mit einem Problem oder Thema verwende, bearbeite bitte dieses Problem oder Thema gemäß den Anweisungen, die ich Dir gegeben habe.«

Wann sollte ich die Hilfe eines Spezialisten in Anspruch nehmen?

Immer dann, wenn BSFF nicht richtig funktioniert, obwohl Sie das Gefühl haben, dass es grundsätzlich eine für Sie passende Methode ist oder wenn das Thema zu groß, zu komplex oder zu schmerzhaft ist. Probieren Sie die Methode am besten zu Anfang bei einfachen, klar umgrenzten Problemen aus, zum Beispiel dem Ärger über eine unfreundliche Kassiererin oder der Lust auf Schokolade. Wenn BSFF dort gut funktioniert, können Sie beginnen, mit größeren und komplexeren Themen zu arbeiten. Manche Menschen können sehr gut alleine mit sich arbeiten und entwickeln eine große Kunstfertigkeit in der Anwendung, andere vertrauen sich lieber einem Spezialisten an und arbeiten lieber mit einem anderen Menschen zusammen. Beides ist möglich, auch wenn BSFF eine sehr effiziente Selbsthilfetechnik ist.

Wie deinstalliere ich BSFF?

Sollten Sie irgendwann das Gefühl haben, BSFF nicht mehr zu benötigen, können Sie es entweder dadurch „ruhen lassen", dass Sie Ihr Code-Wort nicht mehr im Zusammenhang mit einem bewusst wahrgenommenen Problem einsetzen oder die gesamte Routine mit folgender Instruktion deinstallieren:

»Diese Anweisung ist für Dich, mein Unbewusstes. Bitte deinstalliere die gesamte BSFF-Routine mit allen Instruktionen und allen Code-Wörtern. Vielen Dank für Deine Hilfe.«

Aber auch wenn Sie die BSFF-Routine deinstallieren, können Sie weiterhin Ihr Unbewusstes um Hilfe bei der Lösung von Problemen oder um Einsichten bitten – fragen bzw. bitten Sie es einfach! Sie haben in Ihrem Unbewussten einen loyalen, treuen Freund, der über ganz erstaunliche Fähigkeiten und Potenziale verfügt und gerne mit Ihnen zusammenarbeitet.

Teil 2:

Anwendungsbeispiele von A bis Z

Damit Sie BSFF auch direkt praktisch anwenden können, finden Sie hier im zweiten Teil dieses kompakten Ratgebers eine Reihe von häufig vorkommenden Beschwerden und Problemen, und zwar mit bereits möglichst vielen, vorformulierten Aspekten. Sicher wird nicht jeder Aspekt auf Sie und Ihre Situation zutreffen – suchen Sie sich einfach diejenigen heraus, die Sie ansprechen. Aber es ist auch völlig in Ordnung, alle Aspekte durchzugehen und zu codieren, da manche Ihnen vielleicht im Moment nicht bewusst sein mögen, unbewusst aber doch eine Rolle spielen. Im schlimmsten Fall kann Ihr Unbewusstes nichts mit dem Aspekt anfangen und wird dann auch nicht aktiv. Die hier aufgeführten Aspekte decken einen großen Bereich des Themas ab – sollten Sie noch Aspekte finden, die für Sie relevant sind, die sich aber nicht in der Liste befinden, so nennen Sie diese einfach und codieren Sie sie (in der Liste steht dafür als Platzhalter: ... Code-Wort).

Die Voraussetzung für die Arbeit mit den hier beschriebenen Beschwerden ist, dass Sie Ihr Code-Wort gewählt und die beiden Instruktionen für Ihr Unbewusstes (S. 40 bis 46) durchgelesen – sozusagen installiert – haben. In Bezug auf die Schlusssequenz können Sie die verkürzte Fassung installieren (siehe S. 61 bis 62). Hier wird zur Erinnerung (und aus Platzgründen) die verkürzte Fassung am Ende jeder Beschwerde beschrieben. Sollten Sie bei einer Beschwerde die Fail-Safe-Routine benötigen, so finden Sie sie auf Seite 54/55 bzw. bei körperlichen Beschwerden auf Seite 55/56.

Erfahrungsgemäß ist es sehr sinnvoll und für die spätere Arbeit mit BSFF hilfreich, zuerst die hier unter „Vorbereitung" aufgelisteten Themen zu bearbeiten. Sie sind bei vielen Menschen unterschwellig vorhanden und verursachen viele der anderen Probleme. Im Gegenzug lassen sich viele Probleme leichter und schneller lösen, wenn Sie vorher diese „großen" Themen bearbeitet und gelöst haben.

Sie werden feststellen, dass Sie, wenn Sie einige der hier beschriebenen Beschwerden bearbeitet haben, bald „den Bogen raus haben" und wissen, worum es bei der Formulierung der Aspekte geht. Mit diesem Wissen können Sie dann jedes eigene psychisch-emotionale Problem oder Thema angehen und selbstständig mit BSFF lösen.

Vorbereitende Schritte

Die hier angeführten Themen sind grundlegende Haltungen BSFF, Ihnen selbst und Ihrer Umwelt gegenüber. Sie laufen bei vielen anderen Themen im Hintergrund mit und verursachen diese häufig. Sie zu bearbeiten und zu lösen, ist sehr wohltuend und wirkt sich auf viele Lebensbereiche positiv aus.
Mein Tipp: Bearbeiten Sie alle hier aufgelisteten Themen – am besten in der hier angeführten Reihenfolge – sozusagen als „emotionalen Frühjahrsputz", bevor Sie mit den anderen hier beschriebenen Themen arbeiten oder auch mit eigenen.

Einwände gegen BSFF

Schritt 1:

Problem identifizieren

„ … "

Zum Beispiel: *„Ich glaube nicht, dass BSFF mir helfen kann."*

SUD-Wert feststellen

„…"

Zum Beispiel: *„Mein Zweifel daran, dass BSFF mir helfen kann, liegt bei 6."*

Schritt 2:
Sagen oder Denken der einzelnen Aspekte + Code-Wort

- Ich glaube nicht, dass das hilft. Code-Wort
- Das ist viel zu einfach. Code-Wort
- Das ist mir zu kompliziert. Code-Wort
- Es ist irgendwie komisch. Code-Wort
- Ich weiß nicht, was da in meinem Unbewussten passiert. Code-Wort
- Ich will nicht, dass es funktioniert. Code-Wort
- Ich habe eigentlich keine wirklichen Probleme. Code-Wort
- Es ist mir zu technisch. Code-Wort
- Ich kann meine Probleme nicht gut in Worte fassen. Code-Wort
- Ich weiß oft gar nicht so genau, was ich denke. Code-Wort
- Ich weiß oft gar nicht so genau, was ich fühle. Code-Wort
- Ich werde es vielleicht irgendwann einmal ausprobieren. Code-Wort
- Ich habe schon so vieles ausprobiert und wenn es wieder nicht klappt, bin ich nur enttäuscht. Code-Wort

- Ich will mich nicht verändern. Code-Wort
- Ich will nicht, dass sich mein Problem löst. Code-Wort
- ... Code-Wort
- ... Code-Wort
- ... Code-Wort

Zusammenfassende Formel

» Ich behandle jetzt alles, was mit meinen Einwänden gegen BSFF zusammenhängt und alle einschränkenden Gedanken, Überzeugungen, Haltungen/Einstellungen und Gefühle, die mich jemals dazu bringen könnten, meine Einwände gegen BSFF zu behalten oder wieder zuzulassen. Code-Wort «

Schritt 3:

SUD-Wert feststellen

Überprüfen Sie nun, wie sehr Sie das Problem noch belastet.

Bei einem verbleibenden SUD-Wert = Fail-Safe-Routine

Wenn der SUD-Wert nicht oder kaum gesunken ist, dann gehen Sie weiter zur Fail-Safe-Routine (Seite 54 bis 56) und dann zu Schritt 4 (Schlusssequenz).

Bei einem SUD-Wert von 0 oder 1 = Schlusssequenz

Wenn der SUD-Wert bei 0 liegt oder Sie eine deutliche Erleichterung spüren, dann gehen Sie über zu Schritt 4 (Schlusssequenz).

Schritt 4:
Die Schlusssequenz

- Stopper. Code-Wort
- Unverzeihen gegenüber jedem und allem. Code-Wort
- Wut, Ärger und Verurteilung gegen mich selbst. Code-Wort
- Nicht-Verzeihen mir selbst gegenüber. Code-Wort

Die ausführliche Variante der Schlusssequenz finden Sie auf Seite 57 bis 60.

Angst vor Veränderung

Schritt 1:
Problem identifizieren

„ … "

Zum Beispiel: „Ich habe Angst vor Veränderung."

SUD-Wert feststellen

„ … "

Schritt 2:
Sagen oder Denken der einzelnen Aspekte + Code-Wort

- Ich habe Angst vor Veränderung. Code-Wort
- Veränderungen sind immer Verschlechterungen. Code-Wort

- Ich weiß dann nicht mehr, wer ich bin. Code-Wort
- Ich habe Angst, einen wichtigen Teil meiner Persönlichkeit zu verlieren, wenn ich mich verändere. Code-Wort
- Andere wissen dann nicht mehr, wer ich bin. Code-Wort
- Ich passe dann nicht mehr in mein Leben, meine Beziehung, Arbeit, Familie oder Freundeskreis. Code-Wort
- Wenn ich etwas Neues probiere, kann ich Fehler machen. Code-Wort
- Dann muss ich Verantwortung für mich übernehmen und die Art, wie mein Leben läuft. Code-Wort
- Alles wird dann anders. Code-Wort
- Dann wäre all das, was ich bisher gemacht habe, falsch und unnötig gewesen. Code-Wort
- Ich habe Angst vor dem Unbekannten. Code-Wort
- Ich muss wissen, was auf mich zukommt, bevor ich mich verändern kann. Code-Wort
- Ich werde mich selbst nicht mehr wiedererkennen, wenn ich erfolgreich, gesund, glücklich, geliebt bin. Code-Wort
- Wenn ich mich verändere, bin ich ganz allein. Code-Wort
- Wenn ich keine Probleme mehr habe, werde ich oberflächlich und überheblich. Code-Wort
- Alle meine Freunde haben Probleme. Code-Wort
- Wenn ich keine Probleme mehr habe, dann brauche ich die Hilfe meiner Freunde nicht mehr. Code-Wort

- Wenn ich mich verändere, wird meine Familie mich ausschließen. Code-Wort
- Sie werden sich über mich lustig machen. Code-Wort
- Keiner wird mich verstehen. Code-Wort
- Ich möchte meine Position in der Familie nicht verlieren. Code-Wort
- Wenn ich mich verändere, weiß ich nicht mehr, wie ich mich verhalten soll. Code-Wort
- ... Code-Wort
- ... Code-Wort
- ... Code-Wort
- Veränderungen sind oft Verbesserungen. Code-Wort
- Ich bin immer in Sicherheit und ich kann mich entspannt verändern. Code-Wort
- Ich kann mich verändern, und gleichzeitig Teil ...
  - meiner Familie sein. Code-Wort
  - meines Freundeskreises sein. Code-Wort
  - meines Lebens sein. Code-Wort
- Ich bin immer ich selbst. Code-Wort
- Jede bewusste Veränderung lässt mich mehr ich selbst sein. Code-Wort
- Ich möchte mich verändern. Code-Wort
- Ich darf mich verändern. Code-Wort
- Nichts, was ich tue, kann meinen inneren Wert verändern. Code-Wort
- Ich kann Teil meiner Familie sein, auch ohne mich in ihre Dramen zu verwickeln. Code-Wort

- Ich verdiene es, von Menschen umgeben zu sein, die mich lieben und akzeptieren. Code-Wort
- Ich möchte mit Achtung und Respekt behandelt werden. Code-Wort
- Ich verdiene es, mit Achtung und Respekt behandelt zu werden. Code-Wort
- Ich bin bereit, alles mir Mögliche zu tun, um Veränderungen herbeizuführen, die mein Leben angenehmer und schöner machen. Code-Wort

Zusammenfassende Formel
»Ich behandle jetzt alles, was mit meiner Angst vor Veränderung zusammenhängt und alle einschränkenden Gedanken, Überzeugungen, Haltungen/Einstellungen und Gefühle, die mich jemals dazu bringen könnten, meine Angst vor Veränderung zu behalten oder wieder zuzulassen. Code-Wort «

Schritt 3:
SUD-Wert feststellen
Überprüfen Sie nun, wie sehr Sie das Problem noch belastet.

Bei einem verbleibenden SUD-Wert = Fail-Safe-Routine
Wenn der SUD-Wert nicht oder kaum gesunken ist, dann gehen Sie weiter zur Fail-Safe-Routine (vgl. Seite 54 bis 56) und dann zu Schritt 4 (Schlusssequenz).

Bei einem SUD-Wert von 0 oder 1 = Schlusssequenz
Wenn der SUD-Wert bei 0 liegt oder Sie eine deutliche Erleichterung spüren, dann gehen Sie über zu Schritt 4 (Schlusssequenz).

Schritt 4:
Die Schlusssequenz

- Stopper. Code-Wort
- Unverzeihen gegenüber jedem und allem. Code-Wort
- Wut, Ärger und Verurteilung gegen mich selbst. Code-Wort
- Nicht-Verzeihen mir selbst gegenüber. Code-Wort

Die ausführliche Variante der Schlusssequenz finden Sie auf Seite 57 bis 60.

„Ich weiß nicht, was ich fühle"

Schritt 1:
Problem identifizieren
„ ... "

Zum Beispiel: „Ich weiß oft nicht richtig, was ich fühle."

SUD-Wert feststellen
„ ... "

Schritt 2:
Sagen oder Denken der einzelnen Aspekte + Code-Wort

- Ich weiß nicht, was ich fühle. Code-Wort
- Vielleicht fühle ich einfach nichts. Code-Wort
- Mit mir stimmt etwas nicht. Code-Wort
- Ich bin innerlich leer. Code-Wort
- Gefühle sind gefährlich. Code-Wort
- Ich habe Angst, meine Gefühle zu fühlen. Code-Wort
- Ich habe Angst, meine Gefühle zu zeigen und auszudrücken. Code-Wort
- Ich habe Angst, ...
  - dass ich andere damit verletze. Code-Wort
  - dass ich mich dann nicht mehr unter Kontrolle habe. Code-Wort
  - dass andere mich dann ablehnen und peinlich finden. Code-Wort
  - dass ich dann völlig alleine und isoliert bin. Code-Wort
- Ich finde es peinlich, meine Gefühle zu zeigen. Code-Wort
- Ich finde es peinlich, wenn andere ihre Gefühle zeigen. Code-Wort
- Ich weiß nicht, wie ich damit umgehen soll. Code-Wort
- Wenn ich Gefühle zeige, ...
  - werde ich bestraft. Code-Wort
  - passieren schlimme Dinge. Code-Wort
  - halten die anderen mich für schwach und überfordert. Code-Wort
  - bin ich angreifbar und verletzlich. Code-Wort

- Ich darf meine Gefühle nicht zeigen. Code-Wort
- Ich muss mich immer unter Kontrolle haben, sonst ... Code-Wort
- Ich habe dieses Problem mit Gefühlen, besonders seit ... Code-Wort
- ... Code-Wort
- ... Code-Wort
- ... Code-Wort
- Gefühle zu haben und zu zeigen, ist sicher, gesund und gut für mich. Code-Wort
- Gefühle machen das Leben bunt und reich. Code-Wort
- Gefühle sind ein wichtiger, wertvoller Teil meiner Identität. Code-Wort
- Andere Menschen haben Verständnis für meine Gefühle. Code-Wort
- Ich habe Verständnis für meine Gefühle. Code-Wort
- Ich habe Verständnis für die Gefühle anderer. Code-Wort
- Gefühle sind ein ganz normaler Teil meines Lebens. Code-Wort
- Ich kann mich immer entscheiden, ob ich etwas, das ich fühle, auch ausdrücken möchte. Code-Wort
- Ich bin im Frieden mit mir. Code-Wort
- Gefühle kommen und gehen wieder, wenn ich sie nicht unterdrücke oder blockiere. Code-Wort

Zusammenfassende Formel

» Ich behandle jetzt alles, was mit dem Thema „Ich weiß nicht richtig, was ich fühle" zusammenhängt und alle einschränkenden Gedanken, Überzeugungen, Haltungen/Einstellungen und Gefühle, die mich jemals dazu bringen könnten, das Thema „Ich weiß nicht richtig, was ich fühle" zu behalten oder wieder zuzulassen. Code-Wort «

Schritt 3:

SUD-Wert feststellen

Überprüfen Sie nun, wie sehr Sie das Problem noch belastet.

Bei einem verbleibenden SUD-Wert = Fail-Safe-Routine

Wenn der SUD-Wert nicht oder kaum gesunken ist, dann gehen Sie weiter zur Fail-Safe-Routine (Seite 54 bis 56) und dann zu Schritt 4 (Schlusssequenz).

Bei einem SUD-Wert von 0 oder 1 = Schlusssequenz

Wenn der SUD-Wert bei 0 liegt oder Sie eine deutliche Erleichterung spüren, dann gehen Sie weiter zu Schritt 4 (Schlusssequenz).

Schritt 4:

Die Schlusssequenz

- Stopper. Code-Wort
- Unverzeihen gegenüber jedem und allem. Code-Wort

- Wut, Ärger und Verurteilung gegen mich selbst. Code-Wort
- Nicht-Verzeihen mir selbst gegenüber. Code-Wort

Die ausführliche Variante der Schlusssequenz finden Sie auf Seite 57 bis 60.

Negatives Selbstbild/ Mangel an Selbstbewusstsein

Schritt 1:

Problem identifizieren

„ … "

Zum Beispiel: „Ich habe kein gutes Selbstwertgefühl."

SUD-Wert feststellen

„ … "

Schritt 2:

Sagen oder Denken der einzelnen Aspekte + Code-Wort

- Ich bin nicht besonders begabt. Code-Wort
- Mit mir stimmt etwas nicht. Code-Wort
- Ich bin schuld daran, dass mir das (...) passiert ist. Code-Wort
- Niemanden kümmert es, wer ich bin oder was ich tue. Code-Wort
- Ich bin unwichtig. Code-Wort
- Ich bin nicht so intelligent wie andere. Code-Wort

- Ich verdiene es nicht, glücklich zu sein. Code-Wort
- Ich kann nichts richtig machen. Code-Wort
- Ich genüge nicht. Code-Wort
- Ich verdiene es nicht ... Code-Wort
- Ich enttäusche andere. Code-Wort
- Andere können Dinge viel besser als ich. Code-Wort
- Ich habe kein Recht auf meine Meinung. Code-Wort
- Ich bin uninteressant und unscheinbar. Code-Wort
- Andere stoßen mich herum. Code-Wort
- Mir gelingt nichts. Code-Wort
- Ich kann nicht gewinnen. Code-Wort
- Ich schäme mich für ... Code-Wort
- Ich bin nichts wert. Code-Wort
- Ich erwarte nichts von mir. Code-Wort
- Ich werde nie erfolgreich sein. Code-Wort
- Andere sind glücklich und erfolgreich, nur ich nicht. Code-Wort
- Andere bekommen immer das, was sie wollen – nur ich nicht. Code-Wort
- Ich bin zu schwach. Code-Wort
- ... Code-Wort
- ... Code-Wort
- ... Code-Wort
- Ich mag mich selbst. Code-Wort
- Ich bin klasse. Code-Wort
- Ich liebe und achte mich selbst. Code-Wort
- Ich respektiere mich. Code-Wort
- Ich habe viele Fähigkeiten und Talente. Code-Wort

- Ich bin liebenswert. Code-Wort
- Gott liebt mich. Code-Wort
- Ich genüge. Code-Wort
- Ich verdiene es, geliebt zu werden. Code-Wort
- Ich bin ein guter Mensch. Code-Wort
- Ich bin wertvoll. Code-Wort
- Ich lebe mein Leben gut. Code-Wort
- Ich kann gut für mich sorgen. Code-Wort
- Ich bin glücklich mit dem Leben, das ich lebe. Code-Wort
- Ich möchte glücklich sein. Code-Wort
- Ich möchte lieben und geliebt werden. Code-Wort
- Ich verdiene es, glücklich, gesund und liebenswert zu sein. Code-Wort
- Ich bin genau so richtig, wie ich bin. Code-Wort

Zusammenfassende Formel

» Ich behandle jetzt alles, was mit meinem Selbstbild/Selbstwert zusammenhängt und alle einschränkenden Gedanken, Überzeugungen, Haltungen/Einstellungen und Gefühle, die mich jemals dazu bringen könnten, meine Probleme mit dem Selbstbild/Selbstwert zu behalten oder wieder zuzulassen. Code-Wort «

Schritt 3:

SUD-Wert feststellen

Überprüfen Sie nun, wie sehr Sie das Problem noch belastet.

Bei einem verbleibenden SUD-Wert = Fail-Safe-Routine
Wenn der SUD-Wert nicht oder kaum gesunken ist, dann gehen Sie weiter zur Fail-Safe-Routine (vgl. Seite 54 bis 56) und dann zu Schritt 4 (Schlusssequenz).

Bei einem SUD-Wert von 0 oder 1 = Schlusssequenz
Wenn der SUD-Wert bei 0 liegt oder Sie eine deutliche Erleichterung spüren, dann gehen Sie weiter zu Schritt 4 (Schlusssequenz).

Schritt 4:
Die Schlusssequenz

- Stopper. Code-Wort
- Unverzeihen gegenüber jedem und allem. Code-Wort
- Wut, Ärger und Verurteilung gegen mich selbst. Code-Wort
- Nicht-Verzeihen mir selbst gegenüber. Code-Wort

Die ausführliche Variante der Schlusssequenz finden Sie auf Seite 57 bis 60.

Negatives Weltbild

Schritt 1:
Problem identifizieren
„…"

Zum Beispiel: *„Ich fühle mich nicht sicher in der Welt."*

SUD-Wert feststellen
„ … “

Schritt 2:
Sagen oder Denken der einzelnen Aspekte + Code-Wort

- Die Welt ist nicht sicher. Code-Wort
- Ich bin nicht sicher in der Welt. Code-Wort
- Die Welt ist feindlich. Code-Wort
- Das Leben/Schicksal/Gott ist feindlich. Code-Wort
- Die Welt interessiert sich nicht für mich. Code-Wort
- Es ist nicht genug da. Code-Wort
- Es wird nie genug für mich da sein. Code-Wort
- Mir wird nichts geschenkt. Code-Wort
- Menschen sind egoistisch und gemein. Code-Wort
- Ich muss immer wachsam und auf der Hut sein. Code-Wort
- Ich darf mich nie entspannen. Code-Wort
- Ich muss mir immer alles hart erarbeiten. Code-Wort
- Die Menschen wollen einen immer übers Ohr hauen. Code-Wort
- Das Leben ist ein Kampf. Code-Wort
- Nur der Stärkere siegt. Code-Wort
- Man muss Ellenbogen haben und rücksichtslos sein. Code-Wort
- Man kann niemandem vertrauen. Code-Wort
- ... Code-Wort
- ... Code-Wort
- ... Code-Wort

- Ich bin sicher in der Welt. Code-Wort
- Ich bin sicher in mir. Code-Wort
- Das Leben/Schicksal liebt mich und unterstützt mich. Code-Wort
- Gott liebt und unterstützt mich. Code-Wort
- Andere Menschen lieben und unterstützen mich. Code-Wort
- Ich kann freundlich und sanft und trotzdem erfolgreich in der Welt sein. Code-Wort"
- Es ist genug für mich da. Code-Wort
- Ich werde immer unterstützt. Code-Wort
- Vertrauen ist ein natürlicher Teil meines Selbst. Code-Wort
- Ich darf mich entspannen. Code-Wort
- Es ist geschehen und vorbei – ich kann mich jetzt entspannen. Code-Wort
- Ich bin wichtig für diese Welt. Code-Wort
- Ich bin Gott wichtig. Code-Wort

Zusammenfassende Formel

» *Ich behandle jetzt alles, was mit meinem Gefühl „nicht sicher in der Welt bzw. meinem negativen Weltbild" zusammenhängt und alle einschränkenden Gedanken, Überzeugungen, Haltungen/Einstellungen und Gefühle, die mich jemals dazu bringen könnten, dieses Gefühl, nicht sicher in der Welt zu sein bzw. mein negatives Weltbild zu behalten oder wieder zuzulassen. Code-Wort* «

Schritt 3:
SUD-Wert feststellen
Überprüfen Sie nun, wie sehr Sie das Problem noch belastet.

Bei einem verbleibenden SUD-Wert = Fail-Safe-Routine
Wenn der SUD-Wert nicht oder kaum gesunken ist, dann gehen Sie weiter zur Fail-Safe-Routine (vgl. Seite 54 bis 56) und dann zu Schritt 4 (Schlusssequenz).

Bei einem SUD-Wert von 0 oder 1 = Schlusssequenz
Wenn der SUD-Wert bei 0 liegt oder Sie eine deutliche Erleichterung spüren, gehen Sie weiter zu Schritt 4 (Schlusssequenz).

Schritt 4:
Die Schlusssequenz

- Stopper. Code-Wort
- Unverzeihen gegenüber jedem und allem. Code-Wort
- Wut, Ärger und Verurteilung gegen mich selbst. Code-Wort
- Nicht-Verzeihen mir selbst gegenüber. Code-Wort

Die ausführliche Variante der Schlusssequenz finden Sie auf Seite 57 bis 60.

Die Anwendung bei einzelnen Beschwerden

Einsamkeit

Schritt 1:

Problem identifizieren

„…"

Zum Beispiel: *„Ich bin so einsam."*

SUD-Wert feststellen

„…"

Schritt 2:

Sagen oder Denken der einzelnen Aspekte + Code-Wort

- Ich bin einsam. Code-Wort
- Ich bin isoliert. Code-Wort
- Ich gehöre nicht dazu. Code-Wort
- Ich bin anders als die anderen. Code-Wort
- Ich fühle mich verlassen und ausgestoßen. Code-Wort

- Keiner interessiert sich für mich. Code-Wort
- Ich kann nicht gut auf andere zugehen. Code-Wort
- Ich kann nicht gut Kontakte knüpfen. Code-Wort
- Ich bin schüchtern. Code-Wort
- Ich bin ängstlich. Code-Wort
- Ich bin verschlossen. Code-Wort
- Keiner will etwas mit mir zu tun haben. Code-Wort
- Mit mir stimmt etwas nicht. Code-Wort
- Ich bin lieber alleine – dann muss ich nichts von mir preisgeben. Code-Wort
- Kontakte sind anstrengend. Code-Wort
- Andere Menschen enttäuschen und verletzen mich. Code-Wort
- Ich bin anderen überlegen. Code-Wort
- Keiner versteht mich. Code-Wort
- Alleinsein/Einsamkeit ist sicher. Code-Wort
- Ich muss alles alleine machen. Code-Wort
- Ich will alles alleine machen. Code-Wort
- Keiner hilft mir. Code-Wort
- Andere mögen mich nicht. Code-Wort
- Ich komme nicht gut bei anderen an. Code-Wort
- Ich bin viel alleine, seit ... Code-Wort
- ... Code-Wort
- ... Code-Wort
- ... Code-Wort
- Ich bin verbunden mit mir und anderen. Code-Wort
- Ich bin verbunden mit allem. Code-Wort
- Andere mögen mich. Code-Wort
- Ich öffne mich für andere. Code-Wort

- Menschen interessieren mich. Code-Wort
- Andere interessieren sich für mich. Code-Wort
- Kontakte mit anderen sind einfach und schön. Code-Wort
- Ich kann gut Kontakte knüpfen und pflegen. Code-Wort
- Kontakte tun mir gut. Code-Wort
- Ich lasse mein Gefühl der Einsamkeit zu. Code-Wort
- Ich bin eingebunden und gehöre dazu. Code-Wort
- Ich bin anderen wichtig. Code-Wort

Zusammenfassende Formel

» Ich behandle jetzt alles, was mit meiner Einsamkeit zusammenhängt und alle einschränkenden Gedanken, Überzeugungen, Haltungen/Einstellungen und Gefühle, die mich jemals dazu bringen könnten, diese Einsamkeit zu behalten oder wieder zuzulassen. Code-Wort «

Schritt 3:

SUD-Wert feststellen

Überprüfen Sie nun, wie sehr Sie das Problem noch belastet.

Bei einem verbleibenden SUD-Wert = Fail-Safe-Routine

Wenn der SUD-Wert nicht oder kaum gesunken ist, dann gehen Sie weiter zur Fail-Safe-Routine (Seite 54 bis 56) und dann zu Schritt 4 (Schlusssequenz).

Bei einem SUD-Wert von 0 oder 1 = Schlusssequenz
Wenn der SUD-Wert bei 0 liegt oder Sie eine deutliche Erleichterung spüren, dann gehen Sie weiter zu Schritt 4 (Schlusssequenz).

Schritt 4:
Die Schlusssequenz

- Stopper. Code-Wort
- Unverzeihen gegenüber jedem und allem. Code-Wort
- Wut, Ärger und Verurteilung gegen mich selbst. Code-Wort
- Nicht-Verzeihen mir selbst gegenüber. Code-Wort

Die ausführliche Variante der Schlusssequenz finden Sie auf Seite 57 bis 60.

Finanzielle Sorgen

Schritt 1:
Problem identifizieren
„…"

Zum Beispiel: *„Ich mache mir solche Sorgen um meine finanzielle Situation."*

SUD-Wert feststellen
„…"

Schritt 2:
Sagen oder Denken der einzelnen Aspekte + Code-Wort

- Ich habe einfach nie genügend Geld. Code-Wort
- Ich habe nie genug Geld, um meine Bedürfnisse zu befriedigen. Code-Wort
- Ich verdiene einfach nicht genug. Code-Wort
- Das Geld rinnt mir durch die Finger. Code-Wort
- Es kommt einfach nicht genügend rein. Code-Wort
- Es ist nicht genug für alle da. Code-Wort
- Es ist alles so teuer. Code-Wort
- Ich muss immer sparen und mir alles versagen. Code-Wort
- Andere leben im Überfluss. Code-Wort
- Mit mir stimmt etwas nicht. Code-Wort
- Ein Gewinn im Lotto würde mich retten. Code-Wort
- Geld bedeutet für mich ...
  - Sicherheit. Code-Wort
  - Überleben. Code-Wort
  - Selbstbestimmung. Code-Wort
  - Luxus. Code-Wort
  - Anerkennung. Code-Wort
  - Erfüllung von Wünschen. Code-Wort
  - ... Code-Wort
  - ... Code-Wort
  - ... Code-Wort
- Geld verdirbt den Charakter. Code-Wort
- Wenn ich Geld habe, weiß ich nicht, ob andere mich persönlich mögen oder nur aufgrund meines Geldes. Code-Wort

- Wenn ich kein Geld habe, weiß ich, dass andere mich um meiner selbst willen schätzen. Code-Wort
- Geld muss hart erarbeitet werden. Code-Wort
- Geld ist unehrlich und anrüchig. Code-Wort
- Ich fühle mich abgeschnitten von allem. Code-Wort
- Ich leihe mir Geld und kann es nicht zurückgeben. Code-Wort
- Ich schäme mich so, dass ich mir Geld leihe, und es nicht zurückgeben kann. Code-Wort
- Ich schäme mich so, dass mich meine Familie finanziell unterstützen muss. Code-Wort
- Ich schäme mich so, dass ich meine Familie nicht versorgen kann. Code-Wort
- Geld korrumpiert. Code-Wort
- Ich bin kein guter Versorger/keine gute Versorgerin für meine Familie. Code-Wort
- Ich kann nichts an meiner finanziellen Situation ändern. Code-Wort
- Ich traue mich nicht, nach einer Gehaltserhöhung zu fragen. Code-Wort
- Ich habe Probleme damit, den Wert meiner Arbeit Kunden gegenüber zu nennen und dahinterzustehen. Code-Wort
- Ich habe nicht genügend Kunden/Klienten. Code-Wort
- Ich fühle mich so machtlos und ohnmächtig. Code-Wort
- Ich habe Angst, auf der Straße/in der Gosse zu landen. Code-Wort

- Ich brauche andere, die mich retten. Code-Wort
- Gott kümmert sich nicht um mich, ich bin völlig allein. Code-Wort
- Ich muss alles allein machen. Code-Wort
- ... Code-Wort
- ... Code-Wort
- ... Code-Wort
- Ich bin wertvoll und liebenswert. Code-Wort
- Ich genüge. Code-Wort
- Ich kann gut für mich sorgen. Code-Wort
- Ich kann gut für die, die ich liebe, sorgen. Code-Wort
- Ich kann für mich einstehen. Code-Wort
- Es ist genügend für alle da. Code-Wort
- Es ist genügend für mich da. Code-Wort
- Ich verdiene Unterstützung und Anerkennung. Code-Wort
- Ich bin bereit, gut für mein Geld zu sorgen. Code-Wort
- Gott liebt und unterstützt mich. Code-Wort
- Ich zahle meine Schulden zurück und genieße dieses Gefühl von Verbindlichkeit und Freiheit. Code-Wort
- Ich zahle meine Schulden zurück, weil ich es mir wert bin. Code-Wort
- Ich zahle meine Schulden zurück, weil ich das Vertrauen anderer Menschen verdiene. Code-Wort
- Ich bin bereit, besser auf meine eigenen Bedürfnisse zu achten und sie zu erfüllen. Code-Wort
- Geld darf mir auch mit Leichtigkeit und Freude zufließen. Code-Wort

Zusammenfassende Formel
»Ich behandle jetzt alles, was mit meiner schwierigen finanziellen Situation zusammenhängt und alle einschränkenden Gedanken, Überzeugungen, Haltungen/Einstellungen und Gefühle, die mich jemals dazu bringen könnten, diese finanziellen Schwierigkeiten zu behalten oder wieder zuzulassen. Code-Wort«

Schritt 3:
SUD-Wert feststellen
Überprüfen Sie nun, wie sehr Sie das Problem noch belastet.

Bei einem verbleibenden SUD-Wert = Fail-Safe-Routine
Wenn der SUD-Wert nicht oder kaum gesunken ist, dann gehen Sie weiter zur Fail-Safe-Routine (vgl. Seite 54 bis 56) und dann zu Schritt 4 (Schlusssequenz).

Bei einem SUD-Wert von 0 oder 1 = Schlusssequenz
Wenn der SUD-Wert bei 0 liegt oder Sie eine deutliche Erleichterung spüren, dann gehen Sie über zu Schritt 4 (Schlusssequenz).

Schritt 4:
Schlusssequenz

- Stopper. Code-Wort
- Unverzeihen gegenüber jedem und allem. Code-Wort

- Wut, Ärger und Verurteilung gegen mich selbst. Code-Wort
- Nicht-Verzeihen mir selbst gegenüber. Code-Wort

Die ausführliche Variante der Schlusssequenz finden Sie auf Seite 57 bis 60.

Phobien

Auch wenn hier als Beispiel eine Spinnenphobie, die häufig vorkommt, beschrieben wird, können Sie diese Anleitung für jede Art von Phobie anwenden – formulieren Sie die Sätze einfach Ihrem Thema entsprechend um.

Spinnen-Phobie

Schritt 1:

Problem identifizieren

„…"

Zum Beispiel: *„Ich habe solche Angst vor Spinnen."*

SUD-Wert feststellen

„…"

Schritt 2:

Sagen oder Denken der einzelnen Aspekte + Code-Wort

- Ich habe diese Spinnen-Phobie. Code-Wort

- Ich ekle mich so vor Spinnen. Code-Wort
- Ich habe solche Angst vor Spinnen. Code-Wort
- Ich bekomme solche Panik, wenn ich unvermittelt eine Spinne sehe. Code-Wort
- Ich finde es schrecklich, wenn ich nicht weiß, wohin sie verschwunden ist. Code-Wort
- Ich habe solche Angst, dass sie sich auf mich fallen lässt. Code-Wort
- Ich hasse Spinnen. Code-Wort
- Ich bin völlig hysterisch und außer mir, wenn ich Spinnen sehe. Code-Wort
- Mein Magen krampft sich zusammen, wenn ich Spinnen sehe. Code-Wort
- Spinnen haben es auf mich abgesehen. Code-Wort
- Besonders schlimm finde ich an Spinnen ... Code-Wort
- Ganz schlimm finde ich schwarze/braune/rote Spinnen. (Farbe) Code-Wort
- Ganz besonders ekeln mich kleine/mittelgroße/große Spinnen (Größe). Code-Wort
- Am schlimmsten sind ...
  - dicke Spinnen. Code-Wort
  - Spinnen mit einer Zeichnung auf dem Rücken. Code-Wort
  - Spinne, die Netze bauen. Code-Wort
  - haarige Spinnen. Code-Wort
  - Spinnen mit dicken Gelenken. Code-Wort
  - Spinnen mit dicken/dünnen Beinen. Code-Wort
  - die Bewegung der Spinne. Code-Wort
  - wenn die Spinne sich nicht bewegt. Code-Wort

- Der Keller ist das Schlimmste. Code-Wort
- Ich kann keine Spinne anfassen. Code-Wort
- Ich muss immer wissen, wo sie ist. Code-Wort
- Spinnen sind kalt, grausam und unberechenbar Code-Wort
- ... Code-Wort
- ... Code-Wort
- ... Code-Wort
- Ich mag Spinnen. Code-Wort
- Spinnen sind interessant. Code-Wort
- Ich projiziere etwas auf Spinnen, das gar nichts mit ihnen zu tun hat. Code-Wort
- Spinnen sind einfach Tiere, die ihr Leben leben. Code-Wort
- Spinnen interessieren sich überhaupt nicht für mich. Code-Wort
- Ich kann ohne Probleme eine Spinne anfassen und sie hinaustragen. Code-Wort
- Ich bin völlig entspannt in der Gegenwart von Spinnen. Code-Wort

Zusammenfassende Formel

» Ich behandle jetzt alles, was mit meiner Spinnen-Phobie zusammenhängt und alle einschränkenden Gedanken, Überzeugungen, Haltungen/Einstellungen und Gefühle, die mich jemals dazu bringen könnten, diese Spinnenphobie zu behalten oder wieder zuzulassen. Code-Wort «

Schritt 3:
SUD-Wert feststellen
Überprüfen Sie nun, wie sehr Sie das Problem noch belastet.

Bei einem verbleibenden SUD-Wert = Fail-Safe-Routine
Wenn der SUD-Wert nicht oder kaum gesunken ist, dann gehen Sie weiter zur Fail-Safe-Routine (siehe Seite 54 bis 56) und dann zu Schritt 4 (Schlusssequenz).

Bei einem SUD-Wert von 0 oder 1 = Schlusssequenz
Wenn der SUD-Wert bei 0 liegt oder Sie eine deutliche Erleichterung spüren, dann gehen Sie weiter zu Schritt 4 (Schlusssequenz).

Schritt 4:
Die Schlusssequenz

- Stopper. Code-Wort
- Unverzeihen gegenüber jedem und allem. Code-Wort
- Wut, Ärger und Verurteilung gegen mich selbst. Code-Wort
- Nicht-Verzeihen mir selbst gegenüber. Code-Wort

Die ausführliche Variante der Schlusssequenz finden Sie auf Seite 57 bis 60.

Schlafprobleme

Schritt 1:

Problem identifizieren

„…"

Zum Beispiel: *„Ich habe solche Probleme einzuschlafen."*

SUD-Wert feststellen

„…"

Schritt 2:

Sagen oder Denken der einzelnen Aspekte + Code-Wort

- Ich kann nicht schlafen. Code-Wort
- Ich kann nicht einschlafen. Code-Wort
- Ich wache immer wieder auf. Code-Wort
- Ich kann nicht durchschlafen. Code-Wort
- Ich wache nachts auf und kann dann nicht mehr einschlafen. Code-Wort
- Ich schlafe flach und oberflächlich. Code-Wort
- Ich bin morgens immer wie gerädert. Code-Wort
- Meine Gedanken drehen sich ständig im Kreis. Code-Wort
- Ich mache mir Sorgen und versuche, Lösungen für meine Probleme zu finden. Code-Wort
- Ich ärgere mich so, dass ich nicht schlafen kann. Code-Wort
- Ich fühle mich von mir/meinem Körper betrogen, verraten und im Stich gelassen. Code-Wort

- Ich werde morgen wieder todmüde sein. Code-Wort
- Ich bin völlig verzweifelt. Code-Wort
- Alles dreht sich nur noch um das Schlafen und meine Schlafprobleme. Code-Wort
- Mit mir stimmt etwas nicht. Code-Wort
- Ich werde geistig immer wacher und wacher, während sich mein Körper nach Schlaf sehnt. Code-Wort
- Ich sabotiere mich selbst. Code-Wort
- Ich sabotiere meine Gesundheit und meine Lebensfreude. Code-Wort
- Ich weiß nicht, warum ich das mache. Code-Wort
- Ich weiß nicht, was da los ist. Code-Wort
- Ich finde es ganz schrecklich, dass ich wieder nicht schlafen kann. Code-Wort
- Ich bin dauernd übermüdet und nicht leistungsfähig. Code-Wort
- Ich will nicht mehr funktionieren. Code-Wort
- Ich kann nicht mehr funktionieren. Code-Wort
- Keiner versteht mich. Code-Wort
- Mein Körper hat verlernt zu schlafen. Code-Wort
- Ich möchte endlich wieder richtig schlafen. Code-Wort
- Ich bin im Moment in meinem Leben unzufrieden mit ... Code-Wort
- Ich habe im Moment akute Probleme mit ... Code-Wort
- Ich habe diese Schlafprobleme seit ... Code-Wort
- Damals war ... Code-Wort
- Mein typisches Nicht-Schlafen-Können verläuft folgendermaßen ... Code-Wort

- Wenn ich woanders bin, kann ich nie richtig schlafen. Code-Wort
- Ich bin überempfindlich gegen Geräusche und Störungen. Code-Wort
- Die Welt ist kein sicherer Ort. Code-Wort
- Ich kann nicht loslassen und entspannen. Code-Wort
- Wenn ich mit meiner Aufmerksamkeit nachlasse, passiert (wieder) etwas Schlimmes. Code-Wort
- Ich darf nie in meiner Wachsamkeit nachlassen. Code-Wort
- Ich habe Angst vor dem Schlafen. Code-Wort
- Ich habe Angst vor meinen Träumen. Code-Wort
- Ich habe oft Albträume. Code-Wort
- Ich träume immer die gleichen unangenehmen Sachen. Code-Wort
- ... Code-Wort
- ... Code-Wort
- ... Code-Wort
- Ich möchte schlafen. Code-Wort
- Ich kann schlafen. Code-Wort
- Ich kann tief und fest schlafen. Code-Wort
- Ich schlafe durch. Code-Wort
- Ich kann leicht und ganz natürlich einschlafen. Code-Wort
- Selbst wenn ich einmal aufwache, schlafe ich ganz einfach und natürlich sofort wieder ein. Code-Wort
- Ich weiß, dass die Zeit morgens um vier Uhr erfahrungsgemäß nicht die beste Zeit für Problemlösung ist. Code-Wort

- Ich bin sicher. Code-Wort
- Ich kann mich entspannen und loslassen. Code-Wort
- Ich öffne mich für die Erfahrung, dass meine Angelegenheiten in guten Händen sind. Code-Wort
- Ich träume auch interessante und schöne Dinge. Code-Wort
- Ich schlafe gut und wache fit und erfrischt auf. Code-Wort
- Ich bin im Frieden mit mir selbst. Code-Wort
- Ich werde verstanden und unterstützt. Code-Wort
- Ich bin ausgeruht und leistungsfähig. Code-Wort
- Schlaf ist ein natürlicher, schöner Teil meines Lebens. Code-Wort

Zusammenfassende Formel
» Ich behandle jetzt alles, was mit meinen Schlafproblemen zusammenhängt und alle einschränkenden Gedanken, Überzeugungen, Haltungen/Einstellungen und Gefühle, die mich jemals dazu bringen könnten, diese Schlafprobleme zu behalten oder wieder zuzulassen. Code-Wort «

Schritt 3:
SUD-Wert feststellen
Überprüfen Sie nun, wie sehr Sie das Problem noch belastet.

Bei einem verbleibenden SUD-Wert = Fail-Safe-Routine
Wenn der SUD-Wert nicht oder kaum gesunken ist, dann gehen Sie weiter zur Fail-Safe-Routine (vgl. Seite 54 bis 56) und dann zu Schritt 4 (Schlusssequenz).

Bei einem SUD-Wert von 0 oder 1 = Schlusssequenz
Wenn der SUD-Wert bei 0 liegt oder Sie eine deutliche Erleichterung spüren, dann gehen Sie weiter zu Schritt 4 (Schlusssequenz).

Schritt 4:
Die Schlusssequenz

- Stopper. Code-Wort
- Unverzeihen gegenüber jedem und allem. Code-Wort
- Wut, Ärger und Verurteilung gegen mich selbst. Code-Wort
- Nicht-Verzeihen mir selbst gegenüber. Code-Wort

Die ausführliche Variante der Schlusssequenz finden Sie auf Seite 57 bis 60.

Suchtdrang

Suchtdrang kann sich auf Nahrungsmittel wie Schokolade, Chips, Pommes oder Alkohol, Kaffee und Zigaretten beziehen, aber auch auf Dinge wie Fernsehen, Nägelkauen, exzessiver Sport etc. Hier wird die BSFF-Schrittfolge anhand des Drangs nach Zigaretten vorgestellt – Sie können diese Anleitung aber auch für jeden anderen Suchtdrang verwenden. Wandeln Sie dafür einfach die Sätze entsprechend ab oder entwickeln Sie eigene Formulierungen.
Hier ist es wichtig, genau wie beim Übergewicht, nicht nur den akuten Drang, sondern auch die Gewohnheit und

den möglichen emotionalen Hintergrund zu erkennen und zu behandeln. Fragen Sie sich dafür, wann und warum Sie diesen Drang besonders stark haben und in welcher Zeit der Drang entstanden ist.

Drang nach Zigaretten

Schritt 1:

Problem identifizieren

„ … "

Zum Beispiel: *„Ich habe ständig Lust auf eine Zigarette."*

SUD-Wert feststellen

„ … "

Schritt 2:

Sagen oder Denken der einzelnen Aspekte + Code-Wort

- Ich habe so Lust auf diese Zigarette. Code-Wort
- Ich muss diese Zigarette jetzt rauchen. Code-Wort
- Ich weiß gar nicht, wer ich bin, wenn ich nicht mehr rauche. Code-Wort
- Rauchen ist für mich Genuss. Code-Wort
- Ich hasse es, dass ich rauche. Code-Wort
- Ich rauche schon seit ... Jahren. Code-Wort
- Ich kann einfach nicht mit dem Rauchen aufhören. Code-Wort
- Ich will nicht mit dem Rauchen aufhören. Code-Wort

- Ich will mit dem Rauchen aufhören. Code-Wort
- Ich schade mir selbst. Code-Wort
- Wenn ich rauche, kann ich bei der Arbeit Pause machen. Code-Wort
- Rauchen ist gesellig. Code-Wort
- Rauchen verbindet mit anderen. Code-Wort
- Ich habe immer dieses starke Verlangen nach einer Zigarette, ...
  - bei der Arbeit. Code-Wort
  - wenn ich Stress habe. Code-Wort
  - in der Kneipe. Code-Wort
  - nach dem Essen. Code-Wort
  - wenn mir langweilig ist. Code-Wort
  - wenn ich unsicher bin und nicht weiß, was ich mit meinen Händen machen soll. Code-Wort
  - wenn ich eine Pause brauche. Code-Wort
  - wenn ich emotional überfordert bin. Code-Wort
  - wenn andere auch rauchen. Code-Wort
- Ich bin abhängig. Code-Wort
- Ich bin nicht abhängig. Code-Wort
- Rauchen ist Rebellion. Code-Wort
- Ich will nicht funktionieren. Code-Wort
- Der Geschmack der Zigarette reizt mich. Code-Wort
- Das kühle Gefühl auf der Zunge reizt mich. Code-Wort
- Das Gefühl der Zigarette zwischen den Lippen reizt mich. Code-Wort
- Der Geruch der Zigarette reizt mich. Code-Wort
- Der Vorgang des Drehens oder das Aufmachen der Packung reizt mich. Code-Wort

- Ich verbinde mit dem Rauchen .... (Zeiten, Gefühle, Bilder). Code-Wort
- Ich habe Angst davor, in ein tiefes Loch zu fallen, wenn ich mit dem Rauchen aufhöre. Code-Wort
- ... Code-Wort
- ... Code-Wort
- ... Code-Wort
- Ich kann und werde mit dem Rauchen aufhören. Code-Wort
- Ich liebe und akzeptiere mich, auch wenn ich dieses Verlangen nach Zigaretten habe. Code-Wort
- Ich weiß, dass Zigaretten nur der Ausdruck für ein tiefer liegendes Bedürfnis sind. Code-Wort
- Ich brauche keine Zigaretten mehr. Code-Wort
- Ich kann gut für mich sorgen. Code-Wort
- Rauchen ist kein Genuss. Code-Wort
- Ich bin der gleiche Mensch, egal ob ich rauche oder nicht. Code-Wort
- Rauchen ist gesundheitsschädlich, teuer und überflüssig. Code-Wort

Zusammenfassende Formel

» Ich behandle jetzt alles, was mit meinem Drang nach Zigaretten zusammenhängt und alle einschränkenden Gedanken, Überzeugungen, Haltungen/Einstellungen und Gefühle, die mich jemals dazu bringen könnten, diesen Drang nach Zigaretten zu behalten oder wieder zuzulassen. Code-Wort «

Schritt 3:
SUD-Wert feststellen
Überprüfen Sie nun, wie sehr Sie das Problem noch belastet.

Bei einem verbleibenden SUD-Wert = Fail-Safe-Routine
Wenn der SUD-Wert nicht oder kaum gesunken ist, dann gehen Sie weiter zur Fail-Safe-Routine (vgl. Seite 54 bis 60) und dann zu Schritt 4 (Schlusssequenz).

Bei einem SUD-Wert von 0 oder 1 = Schlusssequenz
Wenn der SUD-Wert bei 0 liegt oder Sie eine deutliche Erleichterung spüren, dann gehen Sie weiter zu Schritt 4 (Schlusssequenz).

Schritt 4:
Die Schlusssequenz

- Stopper. Code-Wort
- Unverzeihen gegenüber jedem und allem. Code-Wort
- Wut, Ärger und Verurteilung gegen mich selbst. Code-Wort
- Nicht-Verzeihen mir selbst gegenüber. Code-Wort

Die ausführliche Variante der Schlusssequenz finden Sie auf Seite 57 bis 60.

Trauer

Zum Thema Trauer habe ich den Verlust eines nahcstehenden Menschen ausgewählt. Sie können die Anleitung aber auch für jede andere Art der Trauer anwenden. Wandeln Sie die Sätze dafür einfach entsprechend ab.

Schritt 1:
Problem identifizieren
„ … "

Zum Beispiel: *„Ich bin so traurig darüber, dass … nicht mehr da ist."*

SUD-Wert feststellen
„ … "

Schritt 2:
Sagen oder Denken der einzelnen Aspekte + Code-Wort

- Ich bin sehr traurig über … Code-Wort
- Ich werde nie über … hinwegkommen. Code-Wort
- Mein Leben ist sinnlos. Code-Wort
- … hat eine große Leere hinterlassen. Code-Wort
- Ich weiß nicht, was ich ohne … tun soll. Code-Wort
- Ich bin so wütend, dass … mich verlassen/mich alleine gelassen hat. Code-Wort
- Ich kann es nicht fassen, dass … nicht mehr da ist. Code-Wort
- Ich vermisse … so. Code-Wort
- Alles in mir ist grau und leblos. Code-Wort

- Ich bin so wütend auf Gott. Code-Wort
- Ich bin so wütend auf das Schicksal. Code-Wort
- Ich bin so wütend auf das Leben. Code-Wort
- Ich finde es schrecklich, dass ... so leiden musste. Code-Wort
- Ich bin wütend auf die Ärzte, weil sie ... nicht helfen konnten. Code-Wort
- Ich bin wütend auf die Ärzte, weil sie ... nicht richtig behandelt haben. Code-Wort
- Ich bin jetzt vollkommen alleine. Code-Wort
- Ich werde nie wieder glücklich. Code-Wort
- Ich fühle mich so leer. Code-Wort
- Mein Leben ist so leer. Code-Wort
- Ich fühle mich schuldig, weil ... Code-Wort
- Mein Herz tut so weh. Code-Wort
- Ich fühle mich betrogen. Code-Wort
- Ich fühle mich schuldig, weil ich nicht genug für ... getan habe. Code-Wort
- Ich fühle mich schuldig, weil ich manchmal wütend und ungeduldig mit ... war. Code-Wort
- Ich fühle mich schuldig, weil ich mich jetzt irgendwie befreit fühle. Code-Wort
- Ich fühle mich so unvollständig. Code-Wort
- Wenn ich meine Trauer loslasse, verrate ich ... Code-Wort
- Wenn ich meine Trauer überwinde, denken alle, ich bin herzlos. Code-Wort
- Wenn ich meine Trauer loslasse, habe ich das Gefühl, dass ich meine Verbindung mit ... verliere. Code-Wort

- Wenn ich meine Trauer überwinde, habe ich das Gefühl, dass ich ... nicht genug geliebt habe. Code-Wort
- ... Code-Wort
- ... Code-Wort
- ... Code-Wort
- Ich kann diese Trauer jetzt loslassen. Code-Wort
- Ich will diese Trauer jetzt loslassen. Code-Wort
- Ich kann meine Trauer loslassen, und trotzdem eine tiefe Verbindung mit ... spüren. Code-Wort
- Es ist in Ordnung für mich, meinen eigenen Platz in der Welt zu finden. Code-Wort
- Ich kann und will wieder ganz und heil sein. Code-Wort
- Nicht mehr zu trauern, bedeutet, nicht nicht mehr zu lieben. Code-Wort
- Ich gebe mir selbst die Erlaubnis, meine Trauer loszulassen und voller Liebe und Freude an ... zu denken. Code-Wort
- Ich werde von allen Seiten unterstützt. Code-Wort
- Es ist in Ordnung für mich, wieder zu lachen und mein Leben wirklich zu leben. Code-Wort
- Ich habe Vertrauen in die Zukunft. Code-Wort
- Ich bin sicher und geborgen. Code-Wort
- Ich habe einen Platz in der Welt. Code-Wort
- Ich gebe mir selbst die Erlaubnis, wieder zu leben. Code-Wort

Zusammenfassende Formel

»Ich behandle jetzt alles, was mit meiner Trauer über den Verlust von ... zusammenhängt und alle einschränkenden

Gedanken, Überzeugungen, Haltungen/Einstellungen und Gefühle, die mich jemals dazu bringen könnten, diese Trauer über den Verlust von ... zu behalten oder wieder zuzulassen. Code-Wort «

Schritt 3:
SUD-Wert feststellen
Überprüfen Sie nun, wie sehr Sie das Problem noch belastet.

Bei einem verbleibenden SUD-Wert = Fail-Safe-Routine
Wenn der SUD-Wert nicht oder kaum gesunken ist, dann gehen Sie weiter zur Fail-Safe-Routine (vgl. Seite 54 bis 56) und dann zu Schritt 4 (Schlusssequenz).

Bei einem SUD-Wert von 0 oder 1 = Schlusssequenz
Wenn der SUD-Wert bei 0 liegt oder Sie eine deutliche Erleichterung spüren, dann gehen Sie weiter zu Schritt 4 (Schlusssequenz).

Schritt 4:
Die Schlusssequenz

- Stopper. Code-Wort
- Unverzeihen gegenüber jedem und allem. Code-Wort
- Wut, Ärger und Verurteilung gegen mich selbst. Code-Wort
- Nicht-Verzeihen mir selbst gegenüber. Code-Wort

Die ausführliche Variante der Schlusssequenz finden Sie auf Seite 57 bis 60.

Übergewicht/Gewichtsprobleme

Übergewicht und Überessen ist ein Thema mit vielen Ebenen. Einerseits besteht es aus einem akuten Drang nach (bestimmten) Nahrungsmitteln, andererseits aus dem Aspekt der Gewohnheit. Dahinter steht allerdings oft kein physischer, sondern ein emotionaler Hunger. Wir essen, um bestimmte Gefühle wie Einsamkeit zu dämpfen oder andere, zum Beispiel Trost, hervorzurufen. Genauso ist Gewicht oft ein (im Grunde gut gemeinter, aber nicht wirklich hilfreicher) Versuch unseres Organismus, uns zu schützen (ob nun vor physischen Angriffen oder vor unerwünschter Aufmerksamkeit). Wichtig ist deshalb, nicht nur den akuten Drang oder die Gewohnheit anzusprechen, sondern auch den möglichen emotionalen Hintergrund.

Schritt 1:

Problem identifizieren

„ … "

Zum Beispiel: *„Ich wiege zu viel und kann nicht abnehmen."*

SUD-Wert feststellen

„ … "

Schritt 2:
Sagen oder Denken der einzelnen Aspekte + Code-Wort

- Ich fühle mich dick und hässlich. Code-Wort
- Ich bin willensschwach. Code-Wort
- Irgendetwas stimmt nicht mit mir. Code-Wort
- Ich schade mir selbst durch das Übergewicht/ das ständige Essen. Code-Wort
- Ich muss immer essen. Code-Wort
- Ich esse viel zu viel. Code-Wort
- Ich esse ungesunde und dick machende Sachen, besonders ... Code-Wort
- Andere Menschen lehnen mich ab, weil ich so dick bin. Code-Wort
- Dicke Menschen sind schwach und nicht erfolgreich. Code-Wort
- Dicke Menschen haben keine Disziplin. Code-Wort
- Ich verabscheue mich selbst, wenn ich so viel esse. Code-Wort
- Ich hasse mich selbst dafür, dass ich so aussehe. Code-Wort
- Ich kann mir gar nicht vorstellen, wie das ist, schlank zu sein. Code-Wort
- Andere haben dann höhere Erwartungen an mich. Code-Wort
- Ich muss mich dann wieder mit dem Thema Beziehung beschäftigen. Code-Wort
- Kein Mann/keine Frau interessiert sich für mich, so wie ich aussehe. Code-Wort

- Ich schäme mich so über die Art und Weise, wie ich esse und aussehe. Code-Wort
- Ich fühle mich schuldig, wenn ich wieder zu viel esse bzw. etwas ‚Verbotenes' gegessen habe. Code-Wort
- Ich brauche Hilfe. Code-Wort
- Ich muss das selbst schaffen. Code-Wort
- Alle in meiner Familie haben Übergewicht. Code-Wort
- Das ist genetisch bedingt. Code-Wort
- Ich will nicht anders sein als die anderen. Code-Wort
- Ich verrate damit die anderen. Code-Wort
- Ich bin einfach ein Genussmensch. Code-Wort
- Essen ist das einzig Schöne in meinem Leben. Code-Wort
- Ich will das nicht aufgeben/verlieren. Code-Wort
- Innere Werte sind wichtiger als Aussehen. Code-Wort
- Wenn ich dick bin, kann ich sicher sein, dass die anderen mich um meiner selbst willen mögen. Code-Wort
- Ich fühle mich nicht sicher, mein Gewicht schützt mich vor ... Code-Wort
- Attraktiv zu sein, ist gefährlich. Code-Wort
- Ich will nicht funktionieren und die Erwartungen anderer erfüllen. Code-Wort
- Ich esse aus Gewohnheit. Code-Wort
- Ich bin nicht liebenswert. Code-Wort
- Ich bin schwach und wertlos. Code-Wort
- Egal, was ich auch versuche, ich nehme einfach nicht ab. Code-Wort
- Ich esse immer zu viel, wenn ich ...
  - alleine bin. Code-Wort

- Stress habe. Code-Wort
- mich einsam fühle. Code-Wort
- frustriert bin. Code-Wort
- Trost brauche. Code-Wort
- Schutz brauche. Code-Wort
- Geborgenheit brauche. Code-Wort
- aufgeregt bin. Code-Wort
- mich geärgert habe. Code-Wort
- wütend bin. Code-Wort
- mich schrecklich fühle. Code-Wort
- mich innerlich so leer fühle. Code-Wort

- ... Code-Wort
- ... Code-Wort
- ... Code-Wort
- Ich bin es wert, geliebt zu werden. Code-Wort
- Ich bin es wert, gesund, attraktiv und glücklich zu sein. Code-Wort
- Ich bin bereit, gesunde, heilsame Dinge in der richtigen Menge zu essen. Code-Wort
- Ich kann gut für mich sorgen. Code-Wort
- Ich bin liebenswert und mag mich selbst. Code-Wort
- Ich bin völlig in Ordnung, auch wenn ich dieses Verlangen nach ... habe. Code-Wort
- Ich respektiere und achte mich. Code-Wort
- Ich kann zwischen echtem und emotionalem Hunger unterscheiden. Code-Wort
- Ich fühle mich wohl, wenn ich diszipliniert bin – ich mache das für mich. Code-Wort

Zusammenfassende Formel
»Ich behandle jetzt alles, was mit meinem Übergewicht bzw. meinen Gewichtsproblemen zusammenhängt und alle einschränkenden Gedanken, Überzeugungen, Haltungen/ Einstellungen und Gefühle, die mich jemals dazu bringen könnten, mein Übergewicht/meine Gewichtsprobleme zu behalten oder wieder zuzulassen. Code-Wort «

Schritt 3:
SUD-Wert feststellen
Überprüfen Sie nun, wie sehr Sie das Problem noch belastet.

Bei einem verbleibenden SUD-Wert = Fail-Safe-Routine
Wenn der SUD-Wert nicht oder kaum gesunken ist, dann gehen Sie weiter zur Fail-Safe-Routine (vgl. Seite 54 bis 56) und dann zu Schritt 4 (Schlusssequenz).

Bei einem SUD-Wert von 0 oder 1 = Schlusssequenz
Wenn der SUD-Wert bei 0 liegt oder Sie eine deutliche Erleichterung spüren, dann gehen Sie weiter zu Schritt 4 (Schlusssequenz).

Schritt 4:
Die Schlusssequenz

- Stopper. Code-Wort
- Unverzeihen gegenüber jedem und allem. Code-Wort
- Wut, Ärger und Verurteilung gegen mich selbst. Code-Wort
- Nicht-Verzeihen mir selbst gegenüber. Code-Wort

Die ausführliche Variante der Schlusssequenz finden Sie auf Seite 57 bis 60.

Verzögern und Aufschieben

Schritt 1:
Problem identifizieren
„…"

Zum Beispiel: „*Ich schiebe unangenehme Dinge immer auf.*"

SUD-Wert feststellen
„…"

Schritt 2:
Sagen oder Denken der einzelnen Aspekte + Code-Wort

- Ich schiebe immer alles hinaus. Code-Wort
- Ich schiebe immer alles Unangenehme hinaus. Code-Wort

- Ich stehe mir selbst im Weg. Code-Wort
- Ich blockiere mich selbst dadurch. Code-Wort
- Ich ärgere mich so über mich selbst, wenn ich wieder nichts getan bekomme. Code-Wort
- Ich bin verzweifelt, wenn ich alles aufschiebe. Code-Wort
- Ich schäme mich so, dass ich alles aufschiebe. Code-Wort
- Ich fühle mich gelähmt. Code-Wort
- Ich habe dieses Gefühl eines zähen, inneren Nebels. Code-Wort
- Ich weiß nicht, warum ich das mache. Code-Wort
- Es ist bequem, Dinge hinauszuzögern und nicht zu tun. Code-Wort
- Mein ganzes Leben stagniert. Code-Wort
- Ich ersticke an diesem Hinauszögern. Code-Wort
- Ich mag es, wenn sich andere über diese Verzögerungen aufregen. Code-Wort
- Ich kann dadurch andere Menschen kontrollieren. Code-Wort
- Ich bin von vielem überfordert. Code-Wort
- Ich kriege meine Dinge zeitlich einfach nicht auf die Reihe. Code-Wort
- Die Zeit läuft mir davon. Code-Wort
- Ich will mich nicht mit unangenehmen Dingen beschäftigen. Code-Wort
- Es gibt immer so viel Interessanteres zu machen. Code-Wort
- Ich will nicht mehr funktionieren. Code-Wort

- Mir ist alles zu viel. Code-Wort
- Ich möchte keine Fehler machen. Code-Wort
- Alles muss perfekt sein, vorher kann ich es nicht abgeben. Code-Wort
- Verzögern und Aufschieben geben mir Sicherheit. Code-Wort
- Ich werde es nie schaffen, wenn ich weiter alles aufschiebe. Code-Wort
- Ich werde oft kritisiert. Code-Wort
- Ich brauche immer so lange für alles, deshalb fange ich vieles gar nicht erst an. Code-Wort
- Ich bin so unorganisiert. Code-Wort
- Mit mir stimmt etwas nicht. Code-Wort
- Ich werde auch die Arbeit mit dieser Methode wieder aufschieben. Code-Wort
- Ich fühle mich schuldig, weil ich ... nicht erledige. Code-Wort
- Ich schäme mich vor mir selbst, weil ich ... nicht erledige. Code-Wort
- Ich bin so überfordert von dem, was ich alles tun muss, dass ich überhaupt nichts machen kann. Code-Wort
- Ich habe Angst davor, nicht erfolgreich zu sein. Code-Wort
- Ich habe Angst davor, erfolgreich zu sein. Code-Wort
- ... Code-Wort
- ... Code-Wort
- ... Code-Wort
- Ich tue Dinge, um ihrer selbst willen. Code-Wort

- Ich tue alles Notwendige, um diese Gewohnheit zu überwinden. Code-Wort
- Dinge fallen mir leicht und machen Spaß. Code-Wort
- Ich sehe den Wert darin, Dinge pünktlich zu erledigen. Code-Wort
- Es macht Spaß, Dinge pünktlich zu erledigen. Code-Wort
- Ich bin bereit, neue Arbeitsgewohnheiten zu entwickeln. Code-Wort
- Hinauszögern und Verschieben kostet mich viel Zeit, Energie und Nerven. Code-Wort
- Ich tue Dinge mir zuliebe. Code-Wort
- Ich tue Dinge, weil ich es möchte. Code-Wort
- Ich sehe den Wert eines guten Zeitmanagements. Code-Wort

Zusammenfassende Formel

» Ich behandle jetzt alles, was mit diesem Aufschieben und Verzögern zusammenhängt und alle einschränkenden Gedanken, Überzeugungen, Haltungen/Einstellungen und Gefühle, die mich jemals dazu bringen könnten, dieses Aufschieben und Verzögern zu behalten oder wieder zuzulassen. Code-Wort «

Schritt 3:

SUD-Wert feststellen

Überprüfen Sie nun, wie sehr Sie das Problem noch belastet.

Bei einem verbleibenden SUD-Wert = Fail-Safe-Routine
Wenn der SUD-Wert nicht oder kaum gesunken ist, dann gehen Sie weiter zur Fail-Safe-Routine (vgl. Seite 54 bis 56) und dann zu Schritt 4 (Schlusssequenz).

Bei einem SUD-Wert von 0 oder 1 = Schlusssequenz
Wenn der SUD-Wert bei 0 liegt oder Sie eine deutliche Erleichterung spüren, dann gehen Sie weiter zu Schritt 4 (Schlusssequenz).

Schritt 4:
Die Schlusssequenz

- Stopper. Code-Wort
- Unverzeihen gegenüber jedem und allem. Code-Wort
- Wut, Ärger und Verurteilung gegen mich selbst. Code-Wort
- Nicht-Verzeihen mir selbst gegenüber. Code-Wort

Die ausführliche Variante der Schlusssequenz finden Sie auf Seite 57 bis 60.

VAK kompakt.

Literatur

Nims, Larry und Joan Sotkin: *Be Set Free Fast!*, Santa Fe/New Mexico: Sotkin Enterprises, 2003.

Nims, Larry: *How to Be Set Free Fast™*. New Advances for Treating the Whole Person, Live-Mitschnitt der Energy Psychology Conference 2005, Association for Comprehensive Energy Psychology, 2005.

Nims, Larry: *Be Set Free Fast* – DVD. Personal Instruction for Everyday Freedom. The Lifetime Work of Dr. Larry Nims, 2006.

Stollnberger, Verena: BSFF – *Das Anti-Viren-Programm für die Psyche*, Kirchzarten: VAK, 2008.

Bücher und Materialien von Larry Nims sind bestellbar über die Webseite von Larry Nims *www.besetfreefast.com*. Hier finden Sie auch viele Informationen über die Technik sowie Erfahrungsberichte und Hinweise zu Kursen und Vorträgen zum Thema BSFF.

Über die Autorin

Dr. phil. Susanne Marx ist EFT-Ausbilderin und EFT-Coach. Sie gründete und leitet das *Zentrum für Feng Shui und Energetische Therapien* in Bonn, das Ausbildungen in Feng-Shui sowie Kurse, Ausbildungen und Einzelsitzungen in EFT (Klopfakupressur) und anderen Techniken der energetisch orientierten Psychologie anbietet. Sie hält regelmäßig Vorträge und ist Sachbuchautorin.
Bei VAK sind auch ihre Bücher *Klopfen befreit, Neun Wege zur Freiheit* sowie *Klopfakupressur kompakt* erschienen.